"世界如此之大，我能有幸遇见的女人微乎其微。现在终于可以把我的秘密泄露出来，告诉你，她是我难忘却和尊敬的女人了。"

E C H

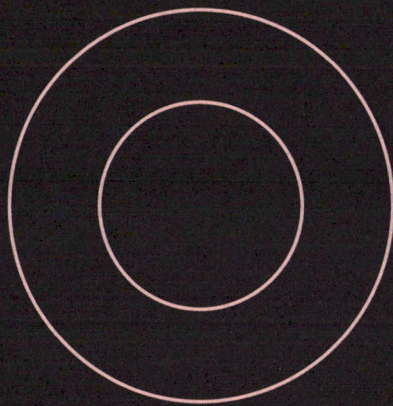

三毛摄影纪实回忆录

永远的三毛

肖全 编著
肖全 摄影

北京联合出版公司
Beijing United Publishing Co.,Ltd.

序 言

我感知到的三毛

　　2020 年的 9 月 21 日即刻就到了，我跟三毛在锦江宾馆 673 房间阳台上的合影，马上 30 年了。眼下这张照片就在我成都家里，在我工作台左前方。三毛着一件雪白的衬衣，右手夹着香烟，左手拿着我带去的一本未发行的刊物。我穿了一件 3 块钱买来的 T 恤，右肩挎着一台美能达 X-700 照相机，用双手把相机紧紧地握在身前。我和三毛的视线一致，注视着深深的远方，那时我刚满 31 岁。三天时间拍了两次照片。她跟我相约："明年暑假我来找你，天气热我们去一个凉快的地方，你拍照片，我来写文字。"可是，她再也没有来了。

　　然而，她不就在眼前吗？

　　我的电脑边上有一本书《天堂之鸟——三毛摄影诗歌集》，这是我人生的第一本书，是我摄影路上的第一个台阶，三毛应该是我遇到的第一个最高级最重要的女人。

　　当这本 3 块 2 毛钱的小册子，在中国大陆先后印了 9 万册发行，三毛的形象就被这些图片确认了，连同她过往的图片和文字一起进入千千万万个文艺青年的血液里。

　　之后，我收到了一麻袋读者来信，说得最多的是，感谢一个叫肖全的人，为我们留下了三毛这些令人惊喜和感动的照片，帮助我们认识和理解了三毛。

　　杨丽萍看见这《天堂之鸟》请许以祺先生来成都找我："杨丽萍让你去给她拍照片，你愿意吗？"

很快我明白了，推开一扇门可以见到另外一扇门，之后就是许多门。

今天是三毛的生日（1943 年 3 月 26 日），我发了朋友圈，在百度上看见很多三毛生日的信息，这个世界有如此多的人喜欢她，实在是幸福。

此刻，翻开我当时带去敦煌的书《寻找三毛》（湖南文艺出版社）在"敦煌记"空白处我曾留下了这样的文字：透过"敦煌记"我们是否可以看到三毛灵魂深处的"生命密码"是什么。与我同机的许多日本人，白发苍苍的也来"了愿"。三毛在经历了各种风风雨雨后，把心留在了敦煌，世界这么大，为什么会是这儿？

每年的开始，大家都会有复杂的感受。感叹一年的结束和新一年的到来。没几天，（1 月 4 日）媒体就会谈论三毛。30 年来我就是在有一茬无一茬的采访中度过的。

2012 年我在黄山拍摄，突然接到一个电话，记者找我聊二毛。头一天晚上黄山下了一场鹅毛大雪，第二天就转成了碧蓝的天空。放下电话，我心想：如果 1991 年的夏天，三毛真的来找我。那个"凉快的地方"，会不会是黄山呢。

法国的马克·吕布极其喜欢黄山，他多次到黄山拍照。1996 年 10 月他在北京中国美术馆的个展，开幕第二天带着他的太太凯瑟琳，以及布列松的太太马丁·弗兰克（马格南职业摄影师）等，浩浩荡荡去拍黄山。

老天给到我们的黄山是不一样的，我拍的黄山是我喜欢的带有一些神秘宇宙感的空间。

2014 或 2015 年的 1 月 4 号的晚上，北京一家媒体的记者采访我，让我谈谈三毛。我在书房，离三毛送给我的双肩背包很近，我就拿过来打开。跟她说三毛给我的签名，送给我的香烟还有这个背包，讲了好多三毛的故事。聊天完成后，我独自一人在客厅里看电视，听见书房"啪"的一声响，很大声，我想不会有什么问题。第二天早上看见那背包从画架上摔下来，扣在地面。我打电话让小雨来一趟，她说，我们要去海上放生，到时候回向三毛姐。

"肖全，在拍摄现场我们两个都没有说什么话，全凭一种感应。肖全我们两个是通的。"这是 30 年前三毛对我说的话。

一眨眼，我经历了一个甲子年。三毛却一直"停留"在48岁。

想起谭天很早对我说的话：三毛在离我们很远很远的星球那边，她过得很好。

想去哪儿，一个念头就到了。

肖全

2020年8月16日
成都

目　录

这是老天赐给我的一幅传世之作（1990 年 9 月 22 日成都）

1991.01

01

成都·遇见

ECHO-ECHO:

肖全：我拍三毛

赵野："天堂之鸟"20 年忆

ECHO:

现在我变得这样的平淡
过去的我

"肖全，我十岁发，背着包一个多年了，还是我么倔强的女人呵

二十岁就梳着短

人周游世界。20

一个人。 瞧！多

"

XIAO QUAN:

肖 全

我拍三毛

1990 年 9 月 21 日中午，我接到了《蓉城周报》谭天的电话，说三毛来了。她的日程已全排满了，很不好见。还说后天再打个电话试试。

我们非得去碰碰运气。

三毛住在锦江宾馆 673 号客房。

我们礼貌却又固执地敲开了房门。一个中年女性立刻出现在我们面前。这是一个极少见的女人！高贵，随意，幸福，苦难，善良，沉着，勇敢。我清清楚楚地从她的眼睛、嘴角、皱纹、指掌上迅速读到。

为了节省时间，主人开门见山地说："你们采访我，那就开始吧，想问些什么问题？"

"不，我们不提什么问题，只是来和您聊聊，我采访一贯只凭感觉。"我的同事十分自信地就像和熟人谈话，任何工具都没带。

从三毛所住酒店中所拍摄到的现在的镜头

现在我变得这样的平淡

-

现在我变得这样的平淡

甚至连情感都看不出来

很多人都说我在技巧方面需要加强

要写出我的情绪，我的心境

而我现在已经是那样平淡的人

我的情绪，我的心境

就像白开水一样

为什么要特别在作品中

告诉人家我的情绪就是这样

撒哈拉沙漠完全是写我自己

一个如此平淡的我

我就不同了，15 分钟内，我要不让相机里的胶片对准主人曝光，那就算白来了。于是我便请主人坐到靠门的一张沙发上，我提出了要给她拍照片，没想到她欣然答应。我拿起相机咔咔咔地拍起来，扫了一阵我又请她到阳台上再拍几张。她指着亮晃晃的钢制栏杆说："请别把这些拍进去，我不喜欢这些现代建筑出现在我的照片里。"

我背包里正好带了一本我的黑白人像集子，是复印的。她看了几幅便摇起头来。我以为她不喜欢，她却说："不行啊，你给他们拍得这么好，你得给我拍才行。我非常喜欢黑白的，我也常常把照片拿去复印。"

谁知她竟然也爱拍照片，她拿出了一个全自动"傻瓜"相机对我说："我很喜欢拍静物，在一些辣椒边上放一些老太太的小脚布鞋很有意思。"她还讲述了她在旅

1990 年 9 月 21 日，从新疆来到成都旅游的三毛，在她下榻的饭店成都锦江宾馆 673 客房与我及朋友聊天。

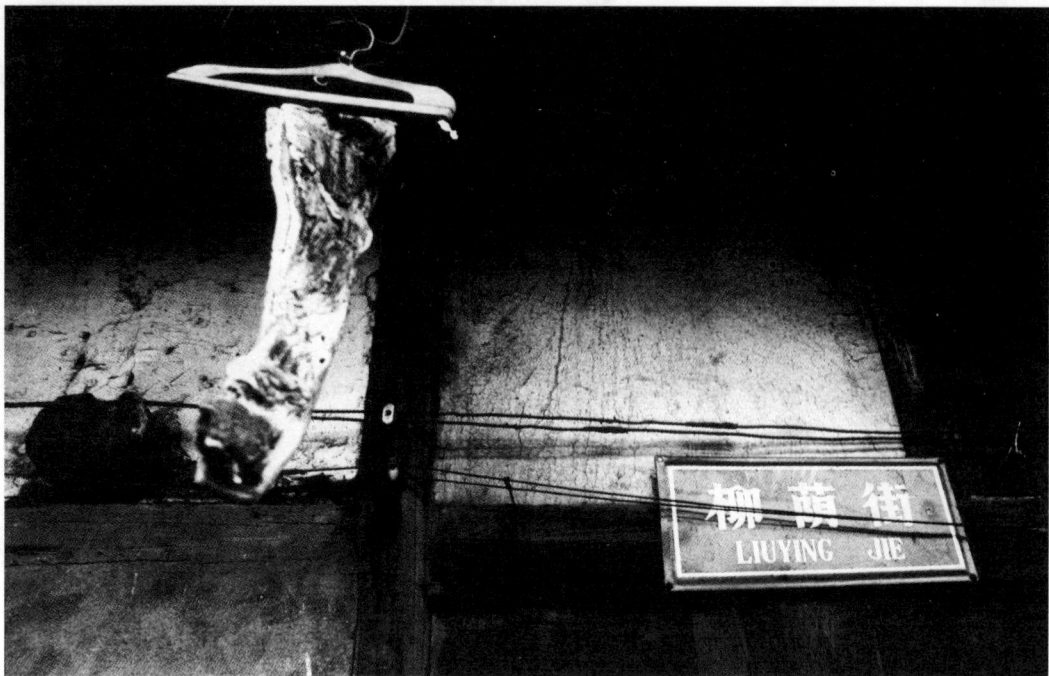

蓉城（成都）柳荫街，我在这里拍摄了三毛的一系列
照片。

柳荫街在成都的府南河边，河的上游便是都江堰，那
是秦朝李冰父子修建的。说起这条街，有一个流传很
广的民间传说。

明朝末年，张献忠率领起义军攻入四川，看见一位逃
难的妇女，背着大孩子、牵着小孩子，遂问缘由，方知
大孩儿乃是妇人哥哥的孩子，小孩儿是妇人自己的孩
子，因不忍哥哥孩子受苦，才有了如此一幕。张献忠
感其忠义，告知妇人，让村里的乡亲在门前挂上一枝
柳条，可保人身安全，于是整条街上的人们都免遭屠
杀，这就是柳荫街的来历。

三毛来时，还能看见当年的古柳，现在这些老树与三
毛一起，成为一种记忆了。

行中的一些见闻。她那捕捉生活中细节的能力的确让人信服。

她十分喜欢成都的小巷子。她说："太阳出来了，人们把各种衣服用竹竿穿起，架在巷子里的青色瓦房上，还晾晒一些食物，很好看。"

下午四点过，我们步行到了那条"柳荫街"，这条小巷有茶馆，有旧式的铺面门小平房，有老人在屋檐下休息，有孩子在地上玩耍……

我们仿佛走进了某个著名的"电影城"。可这却是实实在在的成都，成都人的生活。

三毛不再说话了。用她那双犀利的眼睛观察身边的一切。她不无感慨地说："要能把这些完整地保留下来该多好呀！"

三毛操着这一个多星期临阵磨枪学来的四川话，和周围人打招呼，和孩子们聊天，川味十分地道。谁会知道她就是三毛。

我们继续往巷子深处走去，看见一家保留完好的木板房，门锁着，主人把一张竹椅倒扣在门上。我们俩几乎同时喜欢上了这个背景。我让她坐在那里，她没动那张竹椅，痛快地席地而坐。我连拍了三张，她又干净利落地把脚上的皮凉鞋扒下来，扔在一边，直觉告诉我，要出东西了。我双膝跪地，牢牢地控制着手里的"家伙"，我告诉自己相机不能有半点闪失。

三毛坐在冰凉的土地上，她在想什么呢？我来不及考虑这么多，但我知道，我的拍摄对象早已深深地投入。她一会儿咬着手指头，一会儿想起什么事又笑了。一会儿又紧锁眉头，两眼直瞪瞪地望着天……

在回家的路上，我又拍了一些好照片。我们走进一个旧式的四合院，院子里有四个老人排列整齐地坐着，两眼直直地望着那一块苍白的天空，伴随着身边的木纹雕花和砖缝，仿佛在过一种寂灭的生活。三毛笑盈盈地和老人打招呼，然后坐在一张竹椅上。她慢慢扫了一圈院子后，两眼直逼我的镜头。当我从取景器里看到这块衬景的时候，心里很不是滋味。一种怪诞的念头在脑子里一闪而过：三毛会不会有这么一天呢？可是看到她沉着、坚定的眼神，我觉得自己有些好笑。

走出院子，又进了对面一个很窄的小巷。我们谁也不说话，也不想说话。她又一次与我的镜头对视，右手再次护着挂在她脖子上的那块亮晃晃的足有几两重的铜牌子，这块牌子和前天那块不一样。它们给三毛带来过什么我不好问，可直觉告诉我这绝不是一般普通的装饰品。

和她在一起拍照片，总觉得彼此间有一种"场"的运动，而且格外强烈。我小心翼翼地保护着这种清澈却又沉重的现场气氛，我祈祷心中的上帝不要打扰它。

三毛在街上走着，她有看不完的东西。她
非常感慨地说："要能把这些完整地保留
下来该多好呀！"

人和人之间有太多的不同，孤独与甜蜜
是女人最不易掌控的两样东西。

我非常喜欢这张照片，自认为是三毛最后真实的状态：
周围的人好像都不懂她。她也不稀罕别人去懂她了。

三毛曾对妈妈说："我太累了，我没有什么好留念的了。连大陆我都去过了。"是的，三毛的一生够丰富了，有些不必要的东西老天不会让她带走，比如那个让她不开心的"金马奖"。

三毛在《敦煌记》里写道:"很多年以后,如果你偶尔想起了消失的我,我也偶然想起了你,我们去看星星。你会发现满天的星星都在向你笑,好像铃铛一样。"三毛走了,朝着自己愿意去的地方走去,面带微笑,路人很难理解她。我曾夸张地认为,我拍三毛那天,她仿佛把自己的一生演了一遍。

茶馆像一块磁铁，把三毛引入了它的一张千人坐过、万人歇过的长椅上。周围人声鼎沸，她先是关照我一下，冲我一笑。我当然不会放过这一瞬间，右手食指一动，相机里的马达又送出一张等待曝光的新鲜片子。她收回了笑容，那双太明白了的眼睛落在了桌上这碗已经透明了的茶水里，看着她轻轻地闭了一下眼睛。看得出来，她是很想一个人在此好好休息一阵子。然而连这即兴的自由也不属于她自己。我心领神会，是我和她分享了这片刻自由。

我对所有人说过：三毛不属于那种漂亮女人，可是她很动人。还能见到一个女人在茶馆里如此自在吗？

看见茶馆很热闹，三毛凑了上去。没有人知道她是谁，她从哪里来又要去哪里。

锦江的水原来是从灌县都江堰流下来的，所以这里常常发大水。这条柳荫街就在河的岸边。我们朝着河边走去，三毛在一户人家的小后院站着，四处观望。一只花猫坐在树下看着远远流过的河水。

　　这家的主人，一个戴眼镜的老太太和两个孩子跟三毛摆起"龙门阵"来。他们一下子就亲热得不得了。三毛在这里听到了一个"闹水鬼"的动人故事，她笑得格外开心。可谁知道她信还是不信。

　　三毛在这条她称赞不已的巷子里走着，偶尔一些行人注意到她。可她却自己一个世界，让内心的感触自然地流淌着。见几个小孩在地上拍香烟盒玩，她看得入神，忍不住参与了这个久违了的游戏，而且单膝跪地。看她玩得如此悠然，我恨不得把相机交给谁，我不也20多年没玩过了吗。

　　三毛拍着手上的土起身和孩子们告别了。

　　她愉快地朝前走着。

三毛在一户人家的后院站着，四处观望。一只花猫坐在树下看着远远流过的河水。

我与三毛在成都的柳荫街拍照，她非常喜欢成都的老房子，她说："我旅行不爱去人多的地方，我喜欢自由自在。我在黄龙溪喝茶，有人喊快看上游漂下来一具尸体，没有人被惊吓。那些人在问是男的还是女的嘛？成都人真的好沉得住气哦。"她还喜欢成都巷子里的居民生活，青瓦房上晒着老人的尖尖脚鞋，竹篮里红红的辣椒。

这是三毛喜欢的场景，她也拍过晾在瓦房上的老人的"尖尖鞋"。

听见有客人来，主人热情招呼三毛。三毛对什么都好奇，问长问短。

20 年过去了，这几个孩子也许都当爹娘了。可是他们到今天应该还不知道，在自己的孩童时代，他们曾跟三毛一起玩过"拍纸烟盒"的游戏。不过，那又怎么样？不就是一场游戏嘛。

当年和三毛一起玩过游戏的孩子们，他们已经长大了。

回酒店的路上，三毛对我说："我把这个包送给你，它跟我走了不少地方。你应该比我更需要它。"

走出巷子，三毛买了一个新包。老板娘要我们55元钱。

我说："I think it is very expensive."

三毛说："Yep, 便宜点嘛，贵了我们买不起，我是送给我弟弟的。"

老板娘笑了，说："好好好，50块钱。"

三毛拿着包，开心得像个小女孩得到了一件新礼物。

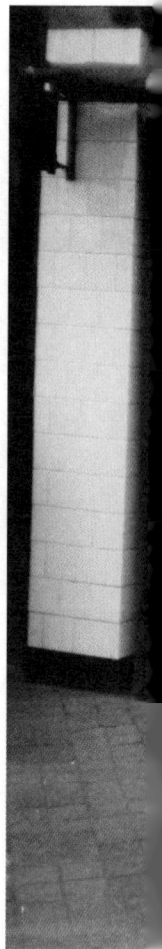

三毛说："我们坐三轮车回去吧，我来
讲价。"

"到锦江宾馆好多钱嘛？"三毛的四川话
正儿八经不错。

"4块钱你总要给嘛。"车夫一眼就看得
出，你们是来耍的。

"要得嘛。"三毛爽快地上了车。

在车上，她看见车夫吃力地用劲，问我：
"我不会不道德吧？我要给他钱的。"

三毛的姐姐陈田心对妹妹有过这样一句评
价：她心里一直有个良善，在她心里面作
为生命的根基。

过去的我

-

《雨季不再来》还是一个水仙自恋的我

我过去的东西都是自恋的

如果一个人永远自恋那就完了

我不能完全否认过去的作品

但我确知自己的改变

从这一本旧作的出版

很多人可以看到我过去

是怎样的一个病态女孩

而这个女孩有一天

在心理上会变得这样健康

她的一步一步是自己走出来的

这是不必特地地去努力

水到渠成的道理

你到了某个年纪

就有一定的境界

只需自己不要流于自卑、自怜

慢慢会有那一个心境的

因为我也没有努力过

而是生命的成长

在我们回酒店的路上，三毛对我说："肖全能不能辛苦你晚上加个班，我很想看到这组照片，你知道吗？我在台湾，真正出名的不是我的写作而是我的旅行。我一直想找个摄影师与我合作出一本画册。"

晚上我回到暗室冲卷，印小样，在样片上画剪裁线。片子的确不错，我真想给她打个电话，可还是忍住了。我一下子就放了三十几张照片。12点才赶回家。

在床上我打开床头灯，看着她坐在地上这张照片，不知为什么，一种说不出的感觉袭上心来。久久不能入睡。

9月24日，上午十点整，我再次敲开了她的门，她早在等我了。下午，她就要离开成都了。

她送走了两个客人后，把照片铺满了床，自己也盘腿坐在床上。她仔细地看着每一张照片，一个劲儿说："太好了，我太高兴了。"

和我一样，她也最喜欢那张她坐在地上、两眼望着右上方的照片。她对我说："肖全，我十岁二十岁就梳着短发，背着包一个人周游世界。20多年了，还是我一个人。瞧！多么倔强的女人呵！"

我说："我也很喜欢这张照片，它很完整。"我指的是画面的构成，人物的情绪以及影调的处理。

她稍停了片刻说："不，是完美，无价！"她轻轻拿起了这张照片，眼睛不离开画面，"这是我漂泊生活几十年的概括。"

她抬起头来高兴地说："肖全，我们俩是通的。过一段时间我想去杭州住一阵，完成一本札记，作者像就用这张了。你再给我寄几幅这张照片来。"

我们相约明年7月一道旅行，完成她的旅行画册。

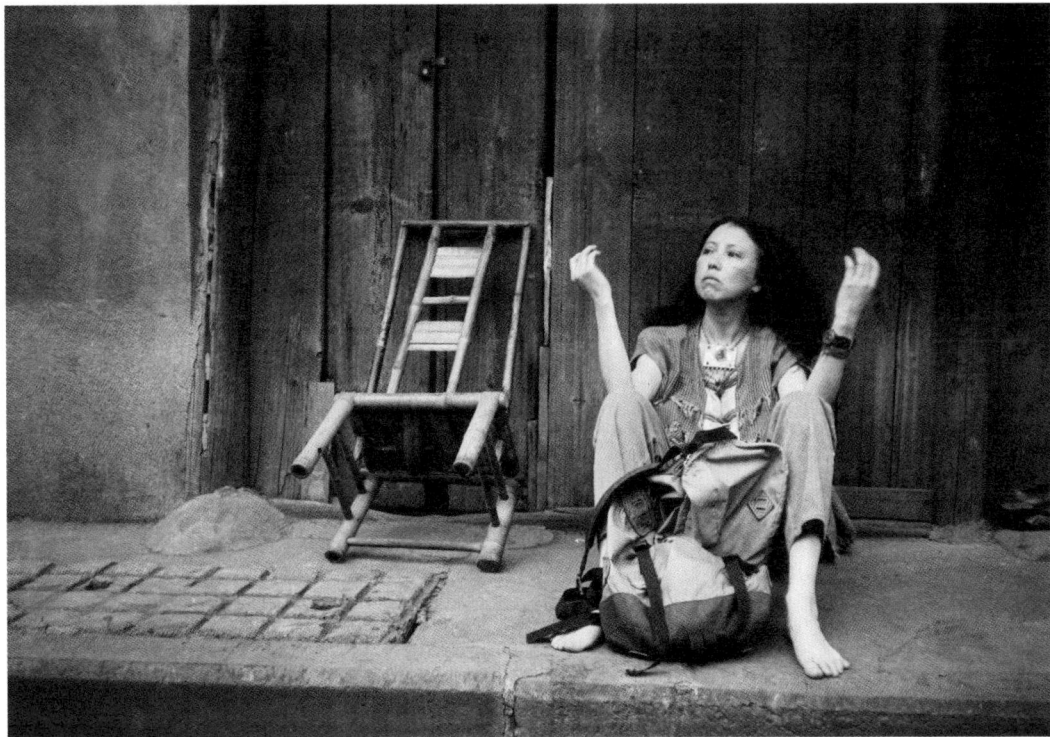

她还说："到时候，我来写文字。7 月太热，我们去个稍微冷一点的地方。另外，我们不需要再添什么设备了，还用这台'傻瓜'相机。"

我们握手告别了。在这秋天的一个中午。她握着我的手说："明年上半年我要忙两部电影的编剧。明年夏天再见！"没想到，这竟成了永别。

时隔 3 个月后，也是一个晌午，我在北京把跟随我"南征北战"，立下无数战功的两套相机连同摄影包丢失了，弄丢相机的地方，竟叫"交道口南大街""北吉祥胡同"。一只黑色的"猎狗"从我身边悄悄走了，永远地离开了主人。我呆呆地站在"交道口"，寒风呼啸。我再也不能用这两部相机拍照片了。

事后想来，莫非这寓意着什么先兆。

三毛一人匆匆走了，我们再也不可能一道去旅行、拍照片了。

1991.1.26. 蓉城

我老是在想，有什么谎言可以在这样的眼神下
存活？三毛爱憎分明，极其敏感和脆弱。她对
爱她喜欢她的人的真诚与执着，滋育了她同时
又困住了她。

ZHAO YE:

赵 野

"天堂之鸟"20 年忆

1991 年午初的成都,一个寒冷的日子,理想主义的南风已去。我在九眼桥附近的九龙饭店里,为肖全的三毛照片配文字。这批照片拍摄于三个月前一个漫不经意的下午,在府河边的柳荫街,最成都的一条小巷,四周是各种茶馆和小店,以及永远闲散的市民。那一天,"三毛将她的一生演绎了一遍"。面对这批被她称为"漂泊生活几十年的概括"的照片,我知道我写上什么样的东西都不合适,只有三毛自己的文字,才是这些照片最好的注脚。我手上正好有她的几本书,和一

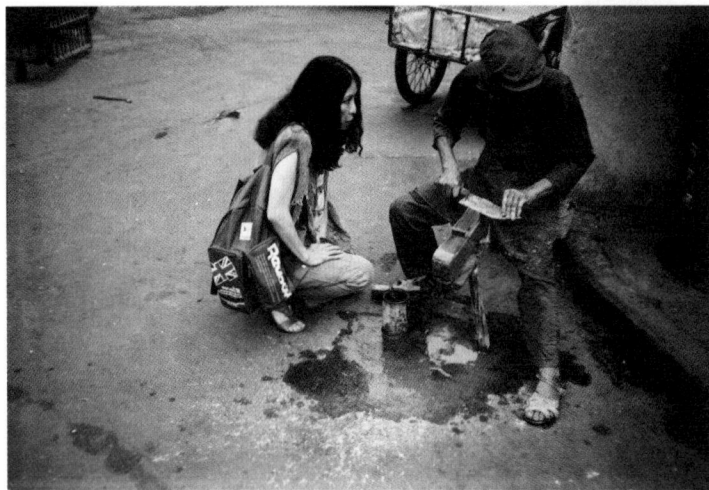

三毛如果真的能像成都人那样,"什么都不想,什么都不在乎",安安逸逸地过日子就好了。她是一个快乐的人,对家人对朋友对她的读者满怀着爱与尊重。

盒齐豫的磁带，里面大部分歌词是三毛写的。做这些工作我用了一个或者是两个下午。几周前，三毛刚在台北弃世而去，一个朋友要出版一本纪念她的书。二十年后肖全问我，当时为什么要取名"天堂之鸟"，我说，我完全记不得了，我甚至不能确信是我取的这个书名。

三毛在 20 世纪 80 年代的中国大陆，是一个传奇。那时，人们只能憧憬外面的世界，而三毛丰富炫目的经历和生动灵性的文字，极大地满足了那个时代的想象。那种在路上的漂泊感、异国他地的乡愁、青春的迷惘以及旅途中的趣闻趣事，迷倒了一代纯正理想的青年。至于我自己，因为很早就投身纯文学写作，我的英雄是另外一些人：里尔克、叶芝、曼捷斯坦姆、瓦雷里、博尔赫斯。但《橄榄树》这首歌和《滚滚红尘》这部电影，却一直有感动我的一些东西。

天下的女人都一样，生来就有母爱。我从未想过三毛要有孩子，该多好玩。

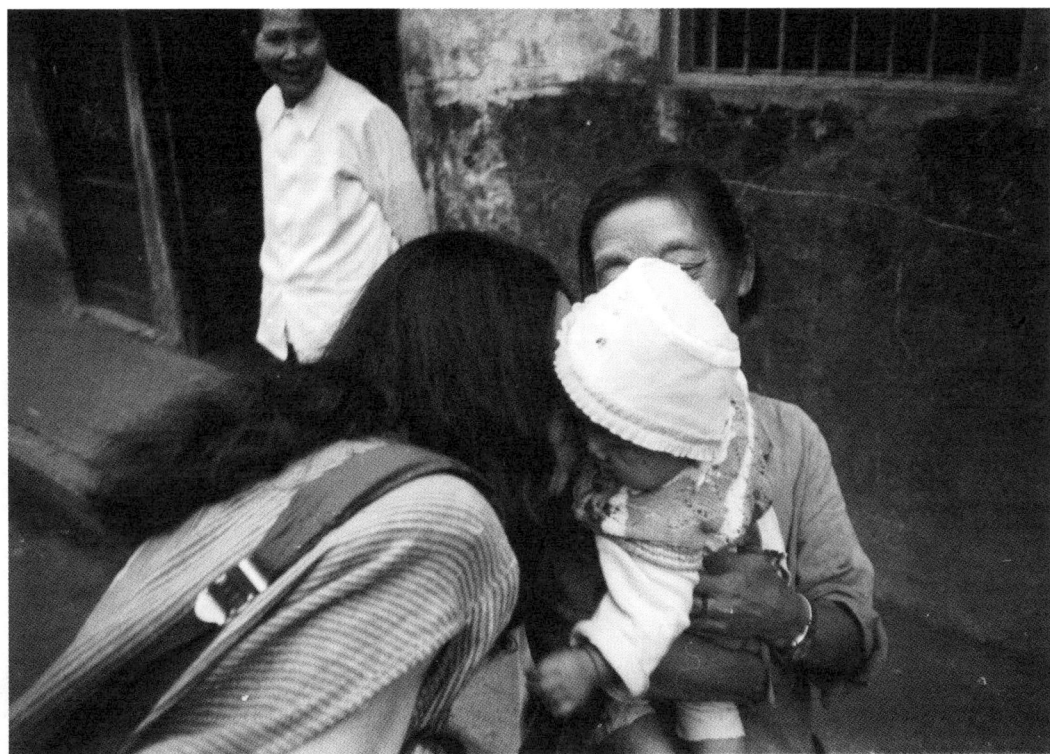

第一次听人提起肖全，我还在重庆。小说家费声写了一个短篇，题目就叫《肖全的天空》。费声本名王永贵，柏桦为他取的笔名，意为"被浪费的声音"。我一直觉得这个名字中了谶，因为费声后来就真的被浪费了。那晚，柏桦和费声给我讲了很久的肖全，他的天赋和易感动带着发现的激情和快感。1988年我回到成都，钟哥（钟鸣）就带着我去找肖全，要他为我拍照片。我见到的肖全，帅得过分，却单纯透明，如泓清水，真诚地臣服于各种权威，特别是美和名气。那是一些带给我们幸福的旧日子，我还能感受到它们的质地和温度。

肖全后来因为拍摄出版《我们这一代》，忠实地记录了一代人的形象，成就大名，如今时间让这些照片更显出了它们的永恒魅力和迷人光辉。几天前，肖全向我动情地谈到他和三毛的缘分时，说起了另外一个"改变命运的细节"——当初他看到钟鸣和我办的《象罔》的庞德专辑，里面一张照片使他如遭电击。老年的庞德拄着手杖，立在一座小石桥上，目光坚毅沧桑，如一尊雕像。图片下面的文字是："理解来得太迟了。一切都是那么艰难，那么徒劳，我不再工作，我什么也不想做。"

1990年9月21日，三毛在锦江宾馆673房。当门拉开的一刹那，她的经历、她的苦难甚至她的良心全写在她的身上。我明白这是我人生中见到的一位"贵人"。三毛拿的是一本当时未刊行的小册子，她翻着里面的图片一个劲儿地摇头，我以为她不喜欢。她说："不行，你给他们拍得这么好，你要给我拍才行。"在柳荫街拍照间隙，她让我抽她的烟："你那天一进来，我就知道我们一伙的人来了。"

这张照片和这段话，让他当时悲从中来，暗下决心，要为一代人存照。埃兹拉·庞德，20世纪英语文学的教父，在文学和生活上蒙他恩惠的，有叶芝、乔伊斯、艾略特、海明威，以及那一代中其他很多响亮的名字，而那本专辑，正是我编译的，记得原文还是从西川那儿复印而来。我多年漂泊，过去的资料片纸不存，肖全却在两个月前，重新复印了一本送我。他说，赵哥，源头就在那儿，和你是有关系的。

那年，肖全去锦江宾馆找三毛时，正是带了一本我创意制作的小册子作敲门砖。在《我拍三毛》一文中，他这样写道："我背包里正好带了一本我的黑白人像集子，是复印的。她看了几幅便摇起头来。我以为她不喜欢，她却说：'不行啊，你给他们拍得这么好，你得给我拍才行。我非常喜欢黑白的，我也常常把照片拿去复印。'"

肖全这一生拍了那么多人，我觉得只有三毛和杨丽萍，让他有着发自内心的持久的挚爱。而杨丽萍和他结缘，又是因为她看到了他拍三毛的那本《天堂之鸟》。对肖全来说，杨丽萍代表着美的高度，而且真实和具体，他能感受到那美的体温、芬芳与气息，如树木和流水，所以他拍的杨丽萍，妙不可言，甚至战胜了时间，让容颜的流逝也自有其迷人的气度。他已经拍了她近二十年，我想，他还会再拍她二十年，甚至更久。那么三毛呢？他和她只有一面之缘，他只是拍了她一个漫不经心的下午，然后，用肖全的话来说，她就飞了。这是一种偶然，抑或天意，肖全显然相信是后者。肖全给我们看到的三毛，坚定、硬朗而沧桑，有些许疲惫，随意穿上的麻布衣服，让她在所有的背景中，都显得那么倔强和突出。一个女人，万水千山走遍，却还没和这个世界达成和解。三毛一定从这些照片里，看到了自己的灵魂和彼时的心态。"天空看透群

峰都缄默 / 任怎么穿越也到不了尽头。"我想起了曾经写过的诗句。

　　如果说杨丽萍的美，是吸引肖全的磁石；三毛则以强大的精神力量，让肖全顶礼，肖全在瞬间就认识并捕捉到了这种力量，并把它们呈现出来，这是他的能力也是他和三毛之间的因果。"她的气质是一个大知识分子，像杜拉斯那副神情。让人觉得是一个高级的女人"，这是肖全对三毛最早的印象。面对一种至高的善或美时，肖全是易感的，我曾多次见到他被一些人和事感动不已，那时的他，柔弱、迷离，宛如赤子。一次在香格里拉，他和几个朋友出去喝酒时听到一个姑娘的歌声，惊为天籁，一个风景摄影师趁机打击，他回来后立即开始质疑自己的价值和意义，这可见肖全的纯真。其实，阅尽人生的三毛看到肖全时，一定有一种完全的信任，因此在他的镜头前自然松弛，本色涌动。这种精神上高度的契合或互补，形成了一个场，他只要一个下午，就拍出了她一生中最好的照片。

　　在当代艺术日趋成为个人的机巧、才智和趣味的呈示时，肖全这种立足于良善、慈爱、理解和敬畏的行动和艺术，有着人性的温暖和光，它们更能赢得我的尊重。这是一种返回土地和源头、返回人类生命本质的东西。现在，我已快到三毛弃世的年纪，对很多人事不再偏执，相信每个方向都能接近真理。因为肖全，三毛在我眼里也渐渐生动和丰富起来。她当然称得上是一个奇女子，生命于她就是一次远足与体验。我无从知晓她在尘世的最后时刻的心境，是一种圆满的大解脱，抑或孤绝的无助和厌倦。肖全坚信是前者。其实，我们每个人都是天地间的过客，一个人的声音和足迹，如果能被另一个人深深地怀念和铭记，这就是永恒。

2011 年 11 月 21 日

三毛坐在石条凳上抽烟，不少人喜欢这张图片上的三毛。还认定这就是他们想象中的三毛。三毛抽烟一天要3盒。她给我说："在写字时手里总想拿个东西，其实在玩一种感觉。"

三毛这张照片很像一个大师，许多年前一个北京的半仙，在我家看到了这幅照片，她惊叫道："天哪，你竟然跟三毛结了缘，三毛给你带来了什么你知道吗？"我那天晚上不能入眠，想了很久很久。

一个叫陈平的女孩儿，从张乐平的漫画里拾得一个名字，安在自己身上。三毛活了，丰富了，精彩了。天地万物赐给了她灵性，把她变得光芒四射。时光、命运和自己的性情，牵着她满世界地流浪，一些人陪伴她，她也曾陪伴一些人。突然一天醒来，她发现只有自己一人和一个空空的行囊。她登飞机住酒店的时候是陈平，之外是三毛，到底哪个是真的，她太难分清了。

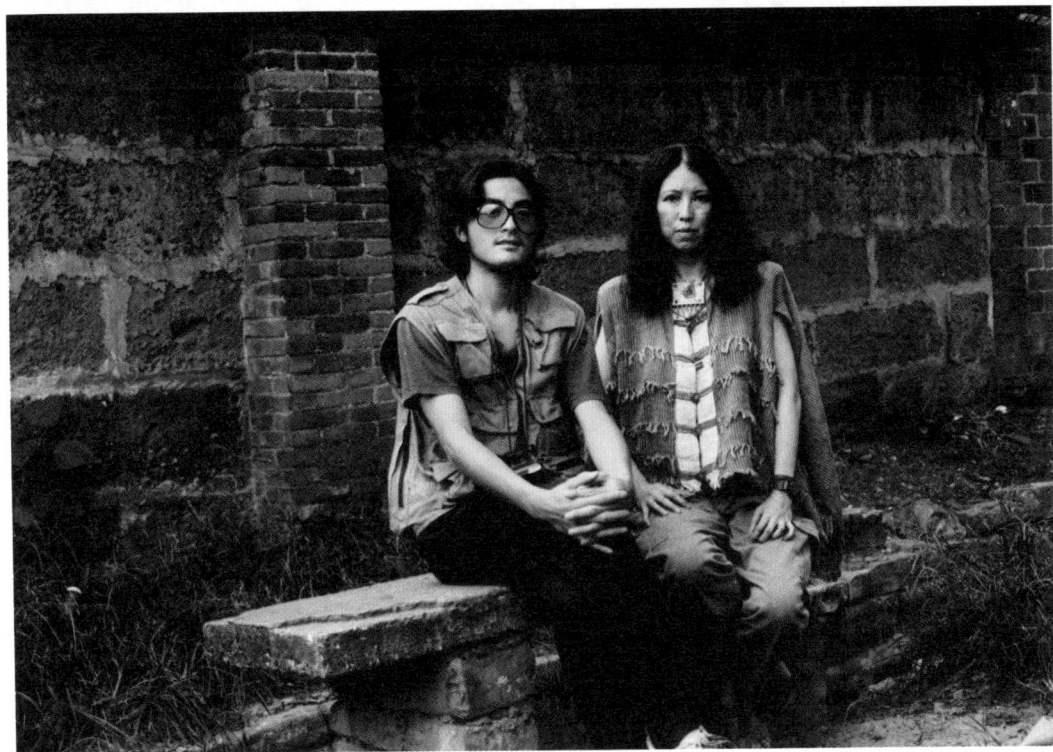

跟她见面几次，觉得她身上的信息量和能量，是不同的。第一次见到她的那个下午，她穿着一件白衬衣，头发绾起来，散发出的气息非常特别。第二天，我给她拍照，就是去了柳荫街。拍了一会儿，她说："肖全，别拍了，过来抽烟聊天。"拍完路上，她跟我说："肖全你今晚能不能加个班，我特别想看到这批照片。"因为在拍摄现场，我们很少说话，全凭感应。她跟我说："肖全，你知道吗，咱俩是相通的。"几个月后，她就去世了。有一天晚上，我一个人在空空荡荡的暗房里，放她的照片。我就想起来她这句话，"咱俩是相通的"，当时觉得有点害怕。我就开始唱她写的那首《橄榄树》。我感觉她就在屋子走，在看我放照片。我唱着《橄榄树》的旋律，觉得三毛这个人实在是太特别了。

1991.09

02

敦煌·
三毛之死

ECHO-ECHO:

肖　全：从三毛出发

贾平凹：哭三毛

贾平凹：再哭三毛

ECHO:

致贾平凹的信

"我一看你就知
人来了。"

道，我们一伙的

XIAO QUAN:

肖　全

从三毛出发

　　1991 年 1 月 5 日上午 10 点 13 分，我接到成都电视台新闻部杨冰的电话："肖全，告诉你一个不好的消息，三毛自杀了……"

　　"天哪！"我此刻正在为《中国摄影家》杂志写她的图片说明。听到这消息后我惊得一身冰凉，无言、愕然。走回座位看见三毛那张她自认为是"完美无价"的照片，我什么话也说不出来，我无论如何也不愿相信这是真的。这消息太坏了！

　　不自觉地，我又抓起了电话机，拨通了"四川经济广播电台"。

　　"喂，张晓燕？你们台是不是刚播了三毛自杀的消息？"

　　"是吗？我没听到，你等等我马上去问。"

　　"肖全，是真的。今早新华社发的消息！"电话长时间没有气流通过……

　　晚上，我与妻子冒着严寒回家，我说："如果可能，我真想去参加三毛的葬礼。"妻子对我说："三毛没有葬礼，三毛只有生日。"

　　一句话仿佛把我从极度的悲痛中救出。

　　是的，三毛选择的路一定是她愿意走的路。近年来，她一直在写着她自己这本"书"，并且用心地读着它。今天，她用三毛去世那天，我正接受采访，隔壁房间挂着背包的架子突然倒了，我心里一声咯噔，隔天听闻三毛去世的消息，我知道那是三毛给我的一种感应。那两天我很不好受。不是说好了要来找我一起去旅行的吗？"明年夏天我来找你。天太热我们去个凉快点儿的地方。你拍照片，我来写字"。我拿出她的包，心里想：既然是她想去的地方，她一定会很开心的。

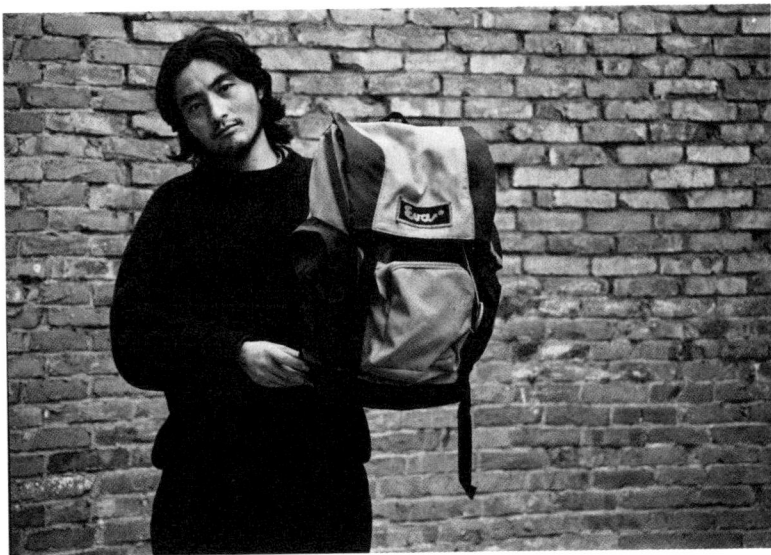

自己的手为这本"书"画上了句号。

可我坚信三毛还活着。我抬起头，天上又多了一颗星。

去年我在北京做了《三毛20年忆》的展览，在现场我还将三毛送我的这个背包，首次拿出来给大家分享。同时还有她给我在《撒哈拉的故事》那本书上的签名——小全：没话说得！1990年9月23日蓉城。她给我的香烟，给我的林青霞照片……

刚刚我从北京798的布鲁姆画廊赶到机场，正在等飞机回成都。我的行李今天多了一个既熟悉又陌生的包，21年来我还是第一次背着它旅行。这就是我在成都拍三毛时，她送给我的包。

去年初夏，三毛的朋友陈达镇到深圳与我见面。他又带了三毛许多宝贝得意地秀给我看。其中一张三毛用过的地图，让我惊讶。这是三毛亲手画的她在中国大陆旅行的路线图。从她的这张地图上，我能看到三毛对旅行的态度，对每次旅行的重视和珍惜。我这些年来也去了不少国家，我也喜欢买当地的地图，可我往往是去了一个地方，激动一阵又很快被新的刺激所代替。

三毛应该更加忙碌，可她的地图画得一丝不苟。我为什么会吃惊，因为她画得近似于飞行员手里的地图。

现在我正在 10000 米的空中写作，我曾经在海军某航空兵部队服役，在天上飞了 4 年。我在 19 岁的年龄就走南闯北了。也许正是因为四处游走，我的身体里被嵌入了某种信息，以至于当我与三毛一见面她就说："我一看你就知道，我们一伙的人来了。"

我至今也没有搞明白，我这一生怎么会与三毛结缘，这次在北京参加杨澜的节目，我就对她讲："我与身边的杨丽萍认识，是因为三毛。那本《天堂之鸟》让丽萍找到了我。她要让我为她拍照片，为什么她如此确定我就是她信赖的摄影师？前年在我为她做的个展上，她对媒体说：'我老了会躲起来不见你们，但肖全不一样，七老八十的时候我只让肖全给我拍照片。'"那天，杨丽萍谈了很多对三毛的感受。她说："我完全理解三毛。她非常真实，非常不容易，并且很勇敢，她的一生都是自己在做决定。"我与三毛和杨丽萍的故事，看来要一直说下去了。我的好朋友曾哥对我说："肖哥，第一个成就你的女人是三毛，第二个是杨丽萍。"

飞机正往西南方向飞去，天已经黑了。月亮像一把弯刀笑得合不拢嘴。金色的一抹光芒还挂在天际，那是神奇的太阳，它正在照亮地球的另一面。此刻，非洲的居民正为它顶礼。2008 年我去了津巴布韦，我在那里想象过三毛在撒哈拉的精彩画面。三毛为什么会喜欢非洲？我最近看了一部纪录片，那里是人类的发源地，7 万年前一少部分人勇敢地离开，到了欧洲……那里有人类祖先的味道。

今天（2012 年），我把三毛在成都的展览名字改了叫作：生命·旅行——从三毛出发。

去年（2011 年）我在北京做这批作品时，看到照片从机器中慢慢滑出。我突然意识到一个问题：当我拍完三毛，我辞去了工作去拍杨丽萍，成为一个靠拍照片养活自己的职业摄影师，我 6 年的两人生活又变成一个人。这些年四处游走，今天我的心还是在路上漂泊。

在成都与三毛相处的那三天，我隐隐约约能感到三毛深藏在心里的孤独。她仍然在寻找能与她相伴的灵魂。三毛离去之后，我很快读到她的一篇《敦煌记》，虽然我不像多数"三毛迷"通读她所有的文字，可我明白这是三毛一生中极为重要的一篇作品。那时我读起来还比较吃力，一个刚刚30出头的人，他的经历和感受还远远不够。

2011年6月26日在北京，中国现代文学馆收藏了由三毛家人提供的三毛的手稿，并且举行了"永远的三毛"研讨会。三毛的姐姐陈田心、小弟陈杰以及三毛的好友从海峡对面来与我们相聚。那天，我跟大家分享了我与三毛在成都相识的故事，以及我刚从敦煌回来对《敦煌记》的感受。晚上喝酒我对陈杰说："有人曾告诉我，三毛在天上过得很好，她在很远很远的地方。"陈杰大喜，那天我们开心极了。陈杰握着我的手说："肖全，你是我姐姐的恩人啊，三毛一生中最好的照片是你拍的。你到台湾来一定要找我。"陈杰的话感动了我一个晚上。

三毛的不辞而别，令世人惊诧。去年6月我重又拿出《敦煌记》，我再次被那些精彩的文字所吸引。其中有两个句子这样写道："明天是我的大日子，我将要面对千年的洞窟和壁画了。我的生命走到这里已经接近尽头，我不知道日后还有什么权利要求更多。"我放下书，当即决定我要再去敦煌。我要去感受三毛为什么会在她"飞走"的前6个月，对生命发出这样的感叹。

快到敦煌的上空我在想：三毛一生去过50多个国家，中国大陆也去了不少地方，为什么她独独会那么执着于敦煌？当看见沙漠的时候，她激动地说这是她的家，这是她埋骨的地方。她还强调除了莫高窟里面的东西，更重要的是灵魂深处的生命密码。难道她在对我们透露什么吗？

三毛那天要求一个人待在洞子里。她仆伏在弥勒菩萨的佛像前，泪流满面。再抬起头，"菩萨脸上大放光明灿烂，眼神无比慈爱，我感应到菩萨将左手移到我的头上来轻轻抚过"。菩萨问她："你为什么哭？"她答："苦海无边。""你悟了吗？"菩萨又问，她不肯作答。在那里待了多久，她也不知道。前世今生仿佛一一掠过。

我连续两个下午，在三毛当年指认为家的沙漠里独自游玩。我的视线里看不见一个人影，有个大和尚曾说过，一粒沙里也有宇宙的信息。我像一个放学后贪玩的小学生，拣漂亮的

这大概是我第一次面对黄土，去怀念一个友人。

石头，烈日下做瑜伽。我抬起头，白云在蓝天里活像一只天堂鸟，它正在俯瞰大地。我坐在地上哈哈地大笑起来，一道神秘的"电流"从头顶穿出脚底，我开始沾沾自喜。

第二天上午，我在飞机上拍到一张好照片，这不是"天堂之鸟"在回望人世间的主观镜头吗？

两个月后，我去了台湾。这是我多年的梦想。三毛的家人和朋友热情地款待了我。他们带我去看三毛曾住过的家，爱去的咖啡馆。可是我印象最深的却是三毛曾读过的"北女一中"，三毛在那里被老师体罚羞辱后，她毅然做出决定：这个书不能念了。她的心已经打开，从此通向了自由辽阔的天地。

从三毛出发，有的人是阅读三毛后，从自己的心里出发；有的是听了三毛的故事，种下了去闯荡世界的念头。而我应该是不知不觉地拿起照相机，满世界地闯荡。用照相机来写作，来描述这个世界。

如果三毛要看到我现在的照片和状态，她一定会微笑的。生命本来就是一次旅行，无论是在天上还是地面。甚至连同我们住的地球，周围的星空都是如此。

7月在成都那特画廊的展览，让我有不少期待。这是我出生长大的地方，是我最早拿起照相机给人拍照的地方。我人生中许多重大的体验，都是在这里完成的。这是一个温和的港湾，也是我不断出发的地方。

2012 年 7 月 16 日

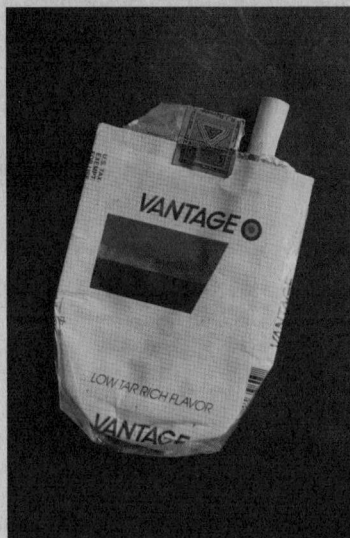

三毛赠予我的一盒香烟，我将它分给了其他朋友，如今还剩下一根，仍被我保存着。

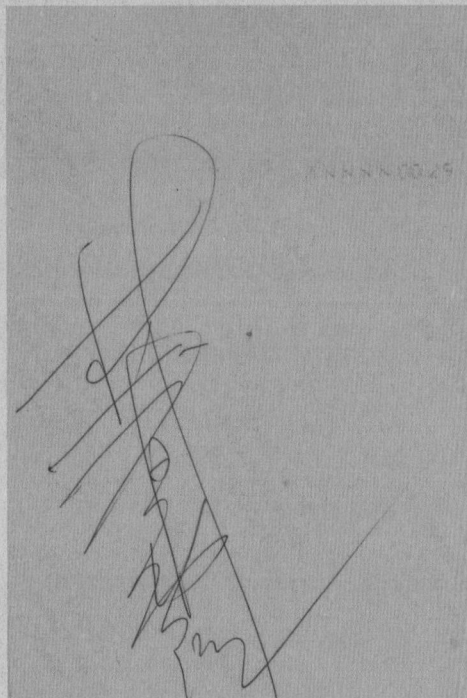

林青霞曾赠予三毛两百张左右的照片，希望能通过三毛将这些照片送给她在大陆的粉丝。我当时心想，林青霞既是三毛剧本作品《滚滚红尘》中的主角，又是个大美人，于是便向三毛要了张照片，这是照片背后的签名。

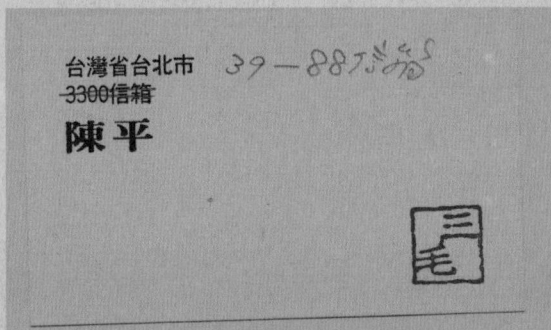

台灣省台北市 39—88 3300信箱

陳平

三毛给我的名片

陈达镇给了我一件三毛穿过的衣服和一个三毛用过的打火机。我很想把打火机也带回大陆，可是做不到，无奈我只好给它拍一张照片，没想到20年过去了，三毛的"火焰"依旧。（2011年8月21日）

陈杰兄送给我的书（2018年10月重庆）

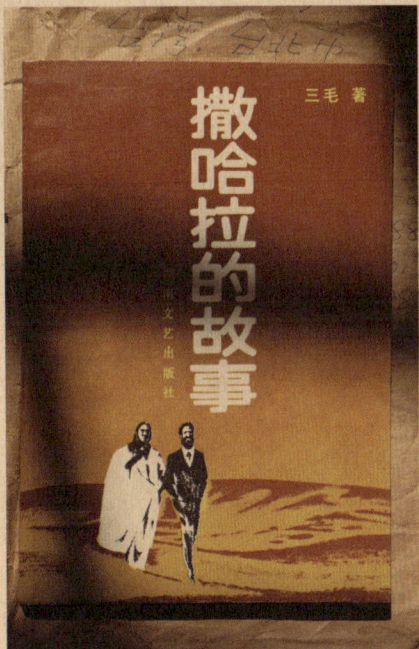

三毛给我的签名，写于《撒哈拉的故事》的目录页。

小金

沒有話說得。

三毛
1990年
9月23日.
蔡咪.

目　　录

陈达镇从台北带来的三毛的发夹（2015 年成都）

陈达镇给我的三毛花布（2015 年成都）

1993 年陈达镇寄给我的信（蝴蝶邮票是她的）

陈达镇带来的"三毛逝世 20 周年"报纸（2012 年 深圳）

陈达镇的信中，说他在三毛家中发现了我与三毛的
合影，这张照片被置放在三毛最喜欢的黄玫瑰中。

我深圳家里的三毛作品

三毛送给我的旅行包
（在深圳家里）

莫高窟第 275 窟交脚弥勒

致贾平凹的信

平凹先生：

现在时刻是公元一九九一年一月一日清晨两点。下雨了。 今年开笔的头一封信，写给您：我心极喜爱的大师。恭恭敬敬的。 感谢您的这支笔，带给读者如我，许多个不睡的夜。虽然只看过两本您的大作，《天狗》与《浮躁》，可是反反复复，也看了快二十遍以上，等于四十本书了。 在当代中国作家中，与您的文笔最有感应，看到后来，看成了某种孤寂。一生酷爱读书，是个读书的人，只可惜很少有朋友能够讲讲这方面的心得。读您的书，内心寂寞尤甚，没有功力的人看您的书，要看走样的。 在台湾，有一个女朋友，她拿了您的书去看，而且肯跟我讨论，但她看书不深入，能够抓捉一些味道，我也没有选择的只有跟这位朋友讲讲"天狗"。这一年来，内心积压着一种苦闷，它不来自我个人生活，而是因为认识了您的书本。在大陆，会有人搭我的话，说："贾平凹是好呀！"我盯住人看，追问："怎么好法？"人说不上来，我就再一次把自己闷死。看您书的人等闲看看，我不开心。 平凹先生，您是大师级的作家，看了您的小说之后，我胸口闷住已有很久，这种情形，在看《红楼梦》，看张爱玲时也出现过，但他们仍不那么"对位"，直到有一次在香港有人讲起大陆作家群，其中提到您的名字。一口气买了十数位的，一位一位拜读，到您的书出现，方才松了口气，想长啸起来。对了，是一位大师。一颗巨星的诞生，就是如此。我没有看走眼。以后就凭那两本手边的书，一天四五小时的读您。 要不是您的赠书来了，可能一辈子没有动机写出这样的信。就算现在写出来，想这份感觉——由您书中获得的，也是经过了我个人读书历程的"再创造"，即使面对的是作者您本人，我的被封闭感仍然如旧，但有一点也许我们是可以沟通的，那就是：您的作品实在太深刻。不是背景取材问题：是您本身的灵魂。 今天阅读三个人的作品，在二十次以上，一位是曹禺，一位是张爱玲，一位是您。深深感谢。 没有说一句客套的话，您所赠给我的重礼，今生今世当好好保存、珍爱，是我极为看重的书籍。不寄我的书给您，原因很简单，相比之下，三毛的作品是写给一般人看的，贾平凹的著作，是写给三毛这种真正以一生的时光来阅读的人看的。我的书，不上您的书架，除非是友谊而不是文字。 台湾有位作家，叫作"七等生"，他的书不销，但极为独特，如果您想看他，我很乐于介绍您这些书。 想我们都是书痴，昨日翻看您的"自选集"，看到您的散文部分，一时里有些惊吓。原先看您的小说，作者是躲在幕后的，散文是生活的部分，作者没有窗帘可挡，我轻轻地翻了数页。合上了书，有些想退的感觉。散文是那么直接，更明显的真诚，令人不舍一下子进入作者的家园，那不是"黑氏"的生活告白，那是您的。今晨我再去读。以后会再读，再念，将来再将感想告诉您。先念了三遍"观察"（人道与文道杂说之二）。 四月（一九九〇年）底在西安下了飞机，站在外面那大广场上发呆，想，贾平凹就住在这个城市里，心里有着一份巨大的茫然，抽了几支烟，在冷空气中看烟慢慢散去，而后我走了，若有所失的一种举步。 吃了止痛药才写这封信的，后天将住院开刀去了，一时里没法出远门，没法工作起码一年，有不大好的病。 如果身子不那么累了，也许四五个月可以来西安，看看您吗？倒不必陪了游玩，只想跟您讲讲我心目中所知所感的当代大师——贾平凹。 用了最宝爱的毛边纸给您写信，此地信纸太白。这种纸台北不好买了，我存放着的。我地址在信封上。 您的故乡，成了我的"梦魅"。

商州不存在的三毛敬上

在敦煌莫高窟的鸣沙山，我抬头看见一片云，在蓝天里自由自在地飞翔。怎么像"天堂之鸟"。我想起三毛在《敦煌记》里的一句话："那真正的神秘感应，不在莫高窟，自己本身灵魂深处的密码，才是开启它的钥匙。"（2011 年 6 月 22 日，敦煌）

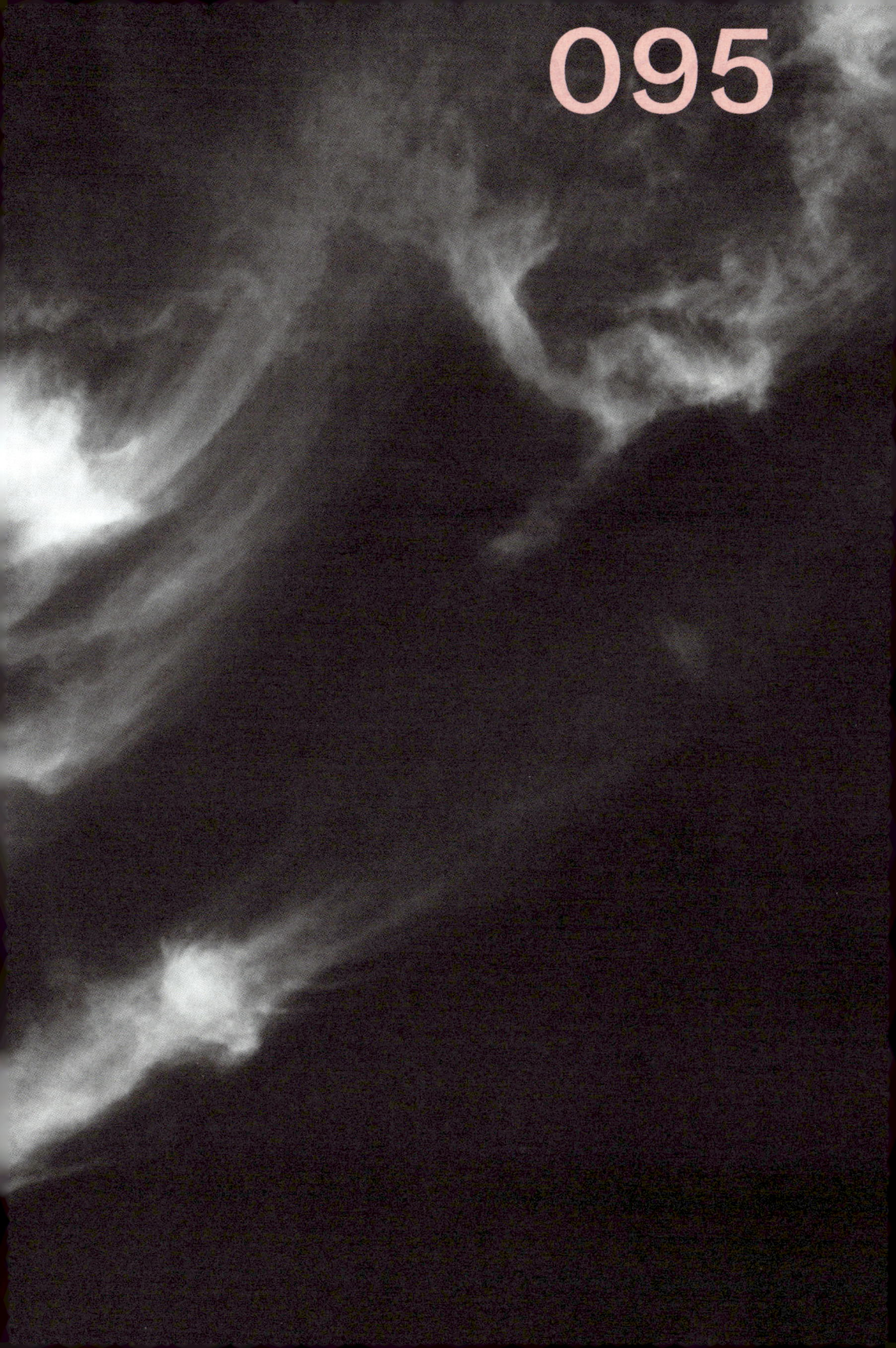

JIA PING WA:

贾平凹

哭 三 毛

三毛死了。我与三毛并不相识，但在将要相识的时候三毛死了。三毛托人带来口信嘱我寄几本我的新书给她。我刚刚将书寄去的时候，三毛死了。我邀请她来西安，陪她随心所欲地在黄土地上逛逛，信函她还未收到，三毛死了。三毛的死，对我是太突然了，我想三毛对于她的死也一定是突然，但是，就这么突然地三毛死了，死了。

人活着是多么的不容易，人死灯灭却这样快捷吗？

三毛不是美女，一个高挑着身子，披着长发，携了书和笔漫游世界的形象，年轻的、坚强而又孤独的三毛对于大陆年轻人的魅力，任何局外人作任何想象来估价都是不过分的。许多年里，到处逢人说三毛，我就是那其中的读者，艺术靠征服而存在，我企羡着三毛这位真正的作家。夜半的孤灯下，我常常翻开她的书，瞧着那一张似乎很苦的脸，作想她毕竟是海峡那边的女子，远在天边，我是无缘等待得到相识面谈的。可我怎么也没有想到，一九九〇年十二月十五日，我从乡下返回西安的当天，蓦然发现了《陕西日报》上署名孙聪先生的一篇《三毛谈陕西》的文章。三毛竟然来过陕西？我却一点不知道！将那文章读下去，文章的后半部分几乎全写到了我。

三毛说:"我特别喜欢读陕西作家贾平凹的书。"她还专门告我普通话念凹为凹(āo),但我听北方人都念凹(wā),这样亲切,所以我一直也念平凹(wā)。她告诉我:"在台湾只看到了平凹的两本书,一本是《天狗》,一本是《浮躁》,我看第一篇时就非常喜欢,连看了三遍,每个标点我都研究,太有意思了,他用词很怪可很有味,每次看完我都要流泪。眼睛都要看瞎了。他写的商州人很好。这两本书我都快看烂了。你转告他,他的作品很深沉,我非常喜欢,今后有新书就寄我一本。我很崇拜他,他是当代最好的作家,当然这只是我个人的看法。他的书写得很好,看许多书都没像看他的书这样连看几遍,有空就看,有时我就看平凹的照片,研究他,他脑子里的东西太多了……大陆除了平凹的作品外,还爱读张贤亮和钟阿城的作品……"

　　读罢这篇文章,我并不敢以三毛的评价而扬扬得意,但对于她一个台湾人,对于她一个声名远震的作家,我感动着她的真诚直率和坦荡,为能得到她的理解而高兴。也就在第二天,孙聪先生打问到了我的住址赶来,我才知道他是省电台的记者,于一九九〇年的十月在杭州花家山宾馆开会,偶尔在那里见到了三毛,这篇文章就是那次见面的谈话记录。孙聪先生详细地给我说了三毛让他带给我的话,说三毛到西安时很想找我,但又没有找,认为"从他的作品来看他很有意思,隔着山去看,他更有神秘感,如果见了面就没意思了,但我一定要拜访他"。说是明年或者后年,她要以私人的名义来西安,问我愿不愿给她借一辆旧自行车,陪她到商州走动。又说她在大陆几个城市寻我的别的作品,但没寻到,希望我寄她几本,她一定将

当时我们接触不是很多，她的去世对我来说很悲痛。2000年，我为了写一本书，从西安出发到新疆，经过鸣沙山，那儿有三毛的衣冠冢。当时我去那儿找的时候没有找到，但感觉她就在某处地方埋着——她的衣冠冢上没有做任何标志，这也符合她的性格。我们几个人都觉得她就在这里，于是我们向她敬了几支烟，香烟燃烧得非常快，而且有几只小蜘蛛从远处飞快爬过来，爬到香烟下边。因为在沙漠上，看到那些小蜘蛛，我们觉得很惊奇。那是一个很奇特的场景。当时我们拿着照相机、摄像机把它们拍下来。我在沙堆上写了"怀念三毛"。感觉她应该在这个地方埋着。有种心灵感应。

（贾平四）

书钱邮来。并开玩笑地对孙聪说："我去找平凹，他的太太不会吃醋吧？会烧菜吗？"还送我一张名片，上边用钢笔写了："平凹先生，您的忠实读者三毛。"于是，送走了孙聪，我便包扎了四本书去邮局，且复了信，说盼望她明年来西安，只要她肯冒险，不怕苦，不怕狼，能吃下粗饭，敢不卫生，我们就一块骑旧车子去一般人不去的地方逛逛，吃地方小吃，看地方戏曲，参加婚丧嫁娶的活动，了解社会最基层的人事。这书和信是十二月十六日寄走的。我等待着三毛的回音，等了二十天，我看到了报纸上的消息：三毛在两天前自杀身亡了。

三毛死了，死于自杀。她为什么自杀？是她完全理解了人生，是她完成了她活着要贡献的那一份艺术，是太孤独，还是别的原因，我无法了解。作为一个热爱着她的读者，我无限悲痛。我遗憾的是我们刚刚要结识，她竟死了，我们之间相识的缘分只能是在这一种神秘的境界中吗？

三毛死了，消息见报的当天下午，我收到了许多人给我的电话，第一句都是："你知道吗，三毛死了！"接着就沉默不语，然后差不多要说："她是你的一位知音，她死了……"这些人都是看到了《陕西日报》上的那篇文章而向我打电话的。以后的这些天，但凡见到熟人，都这么给我说三毛，似乎三毛真是我的什么亲戚关系而来安慰我。我真诚地感谢着这些热爱三毛的读者，我为他们来向我表达对三毛死的痛惜感到荣幸，但我，一个人静静地坐下来的时候就发呆，内心一片悲哀。我并没有见过三毛，几个晚上都似乎梦见到一个高高的披着长发的女人，醒来思忆着梦的境界，不禁就想到了那一幅《洛神图》古画。但有时硬是不相信三毛会死，或许一切都是讹传，说不定某一日三毛真的就再来到了西安。可是，可是，所有的报纸、广播都在报道三毛死了，在街上走，随时可听见有人在议论三毛的死，是的，她是真死了。我只好对着报纸上的消息思念这位天才的作家，默默地祝愿她的灵魂上天列入仙班。

三毛是死了，不死的是她的书，是她的魅力。她以她的作品和她的人生创造着一个强刺激的三毛，强刺激的三毛的自杀更丰富着一个使人永远不能忘记的作家。

1991 年 1 月 7 日

JIA PING WA:

贾平凹

再哭三毛

　　我只说您永远也收不到我的那封信了，可怎么也没有想到您的信竟能邮来，就在您死后的第十一天里。今天的早晨，天格外冷，但太阳很红，我从医院看了病返回机关，同事们就叫着我叫喊："三毛来信啦！三毛给你来信啦！"这是一批您的崇拜者，自您死后，他们一直浸沉于痛惜之中，这样的话我全然以为是一种幻想。但禁不住还在问："是真的吗，你们怎么知道？"他们就告诉说俊芳十点钟收到的（俊芳是我的妻子，我们同在市文联工作），她一看到信来自台湾，地址最后署一个"陈"字，立即知道这是您的信就拆开了，她想看又不敢看，"啊"地叫了一下，眼泪先流下来了，大家全都双手抖动着读完了信，就让俊芳赶快去街上复印，以免将原件弄脏弄坏了。听了这话我就往俊芳的办公室跑，俊芳从街上还没有回来，我只急得在门口打转。十多分钟后她回来了，眼睛红红的，脸色铁青，一见我便哽咽起来："她是收到您的信了……"

　　收到了，是收到了，三毛，您总算在临死之前接收了一个热爱着您的忠实读者的问候！可是，当我亲手捧着您的信，我脑子里刹那间一片空白呀！清醒了过来，我感觉到是您来了，您就站在我的面前，您就充满在所有的空气里。

　　这信是您一月一日夜里两点写的，您说您"后天将住院开刀去了"，据报上登载，您是三日入院的，那么您是以一九九〇年最后的晚上算起的，四日的凌晨两点您就去世了。这封信您是什么时候发出的呢，是一九九一年的一月一日白天休息起来后，还是在三日的去医院的路上？这是您给我的第一封信，也是给我的最后一封信，更是您四十八年里最后的一次笔墨，您竟在临死的时候没有忘记给我回信，您一定是要惦念着这封信的，那亡魂会护送着这封信到西安来了吧！

　　前几天，我流着泪水写了《哭三毛》一文，后悔着我给您的信太迟，没能收到，我们只能是有一份在朦胧中结识的缘分。写好后停也没停就跑邮局，我把它寄给了上海的《文汇报》，因为我认识《文汇报》的肖宜先生，害怕投递别的报纸因不认识编辑而误了见报时间，不能及时将我对您的痛惜、思念和一份深深的挚爱献给您。可是昨日收到《文汇报》另一位朋友的谈及别的内容的信件，竟发现我寄肖宜先生的信址写错了，《文汇报》的新址是虎丘路，我写的是原址圆明园路。我好恨我自己呀，以为那悼文肖先生是收不到了，就是收到，也不知要转多少地方费多少天日，今日正考虑怎么个补救法，您的信竟来了，您并不是没有收到我的信，您是在收到了我的信后当晚就写回信来了！

读着您的信，我的心在痉挛着，一月一日那是怎样的长夜啊，万家灯火的台北，下着雨，您孤独地在您的房间，吃着止痛片给我写信，写那么长的信，我禁不住就又哭了。您是世界上最具真情的人，在您这封绝笔信里，一如您的那些要长存于世的作品一样至情至诚，令我揪心裂肠地感动。您虽然在谈着文学，谈着对我的作品的感觉，可我哪里敢受用了您的赞誉呢，我只能感激着您的理解，只能更以您的理解而来激励我今后的创作。一遍又一遍读着您的来信，在那字里行间，在那字面背后，我是读懂了您的心态，您的人格，您的文学的追求和您的精神的大境界，是的，您是孤独的，一个真正天才的孤独啊！

现在，人们到处都在说着您，书店里您的书被抢购着，热爱着你的读者在以各种方式悼念您、哀思您，为您的死作着种种推测。可我在您的信里，看不到您在入院时有什么自杀的迹象，您说您"这一年来，内心积压着一种苦闷，它不来自我的个人生活，而是因为认识了您的书本"，又说您住院是害了"不大好的病"。但是，您知道自己害了"不大好的病"，又能去医院动手术，可见您并没有对病产生绝望，倒自信四五个月就能恢复过来，详细地给了我的通信地址和电话号码，且说明五个月后来西安，一切都做了具体的安排，为什么偏偏在入院的当天夜里，就是四日的三点就死了呢？！三毛，我不明白，我到底是不明白啊！您的死，您是不情愿的，那么，是什么原因而死的呀，是如同写信时一样的疼痛在折磨您吗？是一时的感情所致吗？如果说这一切仅是一种孤独苦闷的精神基础上的刺激点，如果您的孤独苦闷在某种方面像您说的是"因为认识了您的书本"，三毛，我完全理解作为一个天才的无法摆脱的孤独，可牵涉到我，我又该怎么对您说呢，我的那些书本能使您感动是您对我的偏爱而令我终生难忘，却更使我今生今世要怀上一份对您深深的内疚之痛啊！

这些天来，我一直处于恍惚之中，总觉得常常看到了您，又都形象模糊不清，走到什么地方凡是见到有女性的画片，不管是什么脸型的，似乎总觉得某一处像您，呆呆看一会儿，眼前就全是您的影子。昨日晚上，却偏偏没有做到什么离奇的梦，对您的来信没有丝毫预感，但您却来信了，信来了，您来了，您到西安来了！现在，我的笔无法把我的心情写出，我把笔放下来，又关了门，不让任何人进来，让我静静地坐一坐，不，屋里不是我独坐，对着的是您和我了，虽然您在冥中，虽然一切无声，但我们在谈着话，我们在交流着文学，交流着灵魂。这一切多好啊，那么，三毛，就让我们在往后的长长久久的岁月里一直这么交流吧。三毛！

1991 年 1 月 15 日

1943—1955

03

台北·童年

我不管这件事

程就是结局，让

切后果，都是成

去……

有没有结局，过

我尽情地去，一

长的经历，让我

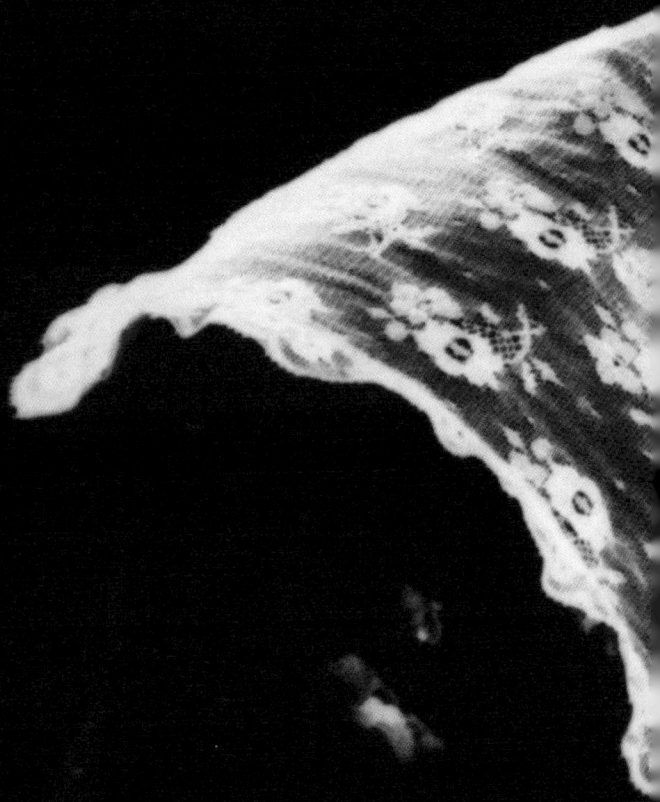

陈杰兄送给我的三毛照片（2018 年 10 月 重庆）

XIAO QUAN:

肖 全

去台湾会三毛

今年 8 月，我终于踏上了祖国的宝岛台湾。能与台湾结上这因缘还是要谢三毛。

6 月 26 日，北京现代文学馆做了《永远的三毛》研讨会，并收藏了三毛家人赠送的三毛作品手稿。

我也因此认识了三毛的姐姐陈田心、小弟陈杰、皇冠出版社平云、作家张曼娟以及三毛的好友薛幼春。最让我感动的是陈杰对我说过的一句话："肖全，你是我姐姐的恩人啊，三毛一生中最好的照片是你拍的。去台湾你一定要找我。"

8 月 19 日，我独自一人来到台湾（幼春和平云帮忙）。三毛的朋友陈达镇带我在台北走了不少地方，见了三毛在台北住过的三处房子，以及金宝山三毛最后的去处。

陈杰还带我去了八里海边三毛度假的房子。

在台湾我不断地给朋友说，我是来找台湾人那一点点优越感，是从哪里来的。

当然，有的人不以为然。"有吗？"是有的。

三毛身上就有，是一种从老祖宗那里遗传下来的文气和礼仪。很多人早丢得干干净净了。

陈达镇放暑假到大陆来旅游，他带来不少三毛的东西。我和他谈起三毛的一篇文章《敦煌记》，他得意地笑了："这篇手稿在我那里。"果然，我在台北见到了，我翻拍了几页，看了很兴奋。

这篇文字前面改得很厉害，名字也不同《夜半逾城 —— 敦煌（散）记》

三毛在文字的前面有个细节，我很感兴趣："拿了一本书想带着行路 ——《金刚经》，想想又不带了。"

为什么不带了？那可是《金刚经》啊。一个在读《金刚经》的人，我们今天就不难想象三毛与佛教有没有关系。

如果三毛在念《金刚经》那她为什么不知道"应无所住，而生其心？"（六祖惠能闻其明心见性的）。

我去了好几个与三毛相关的地方，我认为"北女一中"在三毛（陈平）的一生中非常重要。三毛在这里受到老师的体罚，在她脸上涂墨。她回去给家人说："这个学没法念了。"就这样她做出了一个决定，不跟你们玩儿了。

家里人也就认可了。她自学，自闭，跟韩湘宁学画。"韩老师对我的影响很深，他使我看见快乐，使我将心中的快乐能够传染给其他人。他把人向外引，推动着我去接触一个广泛的艺术层面，也带给人活泼生动的日子。"

这样一来，三毛的心智肯定早熟。她选择了跟自己在一起。更多地在乎自己，倾听自己的内心感受。把自己的心打开了，并与世界相连。她出去了。

当然，这不是她的一生中最早的重要决定。

三毛出生在重庆，当年家门外（南山黄桷垭的家还在），有一口大水缸。三毛玩水一头栽进去了，她用两只小手撑住缸底，两脚拼命敲打发出求救信号。家人一看吃饭少了一人，出门把她揪出来了。（陈妈妈讲的故事）

我以为，这是她一生中做出的最早的最牛的决定：我要活下来，不要死。

其实，就是当下一念。一个 3 岁的孩子哪来这样的沉着？

三毛的中学。三毛就是在这里被老师在脸上涂墨羞辱。

南京东路4段
三毛的家。

進候此一个有花園
庄爸的的四樣房. 我
住。

你看曲路。

ECHO

三毛故居门牌号

南京東路四段

陈达镇在三毛台北故居"小木屋"下

CHEN TIAN XIN:

陈田心

自由的灵魂

　　在台北，三毛有个自己的家，位于南京东路四段一所商职学校附近的巷弄里，四层楼的公寓因着老旧都有了岁月的斑斑点点，灰色水泥的墙角因着裂纹竟然伸出几株绿色植物，使这灰老的房子有了生气。有一天，午后接近傍晚，天也不这么热了，我想说去看看妹妹，进了那充满三毛独持风格的小小狭窄的客厅里，饭桌上，横七竖八的照片堆着，而三毛正拿着她那台专业照相机，眯着眼聚精会神地在拍她那只黑白相间的玩具熊猫，一支点燃的烟已烧了一半，放在那个贝林痱子粉上。我随手翻看那一张张的照片，黑白居多，拍摄取景角度切割都让人心有所感！那天，让我看见了三毛另一番天地，是属她自己闲暇独享的自由。这情景使我想起，多年后，三毛踽踽独行，穿梭在各省各乡，心中存着那一份柔软去看、去走访，其间巧遇肖全大师，欣喜之下，成为好朋友，以至于肖全大师几幅流浪三毛坐在街角一方、沉默孤寂的摄影，自然隽永了。三毛仍然默默地做她手边的事，不语，我静静地坐在桌旁那条木凳上。天色渐渐暗沉，三毛放下相机，这时，我问：你到现在可曾吃过？她眼神中一片茫然。我忘了！！三毛的精彩在于真真实实地坚持活出自己！那是一份自由的价值。

2020 年 8 月 5 日写于台北

信就是我睡的地方。底片洗日本"□□□"叠起来，就算数了。

台灣省台北市
3300信箱
陳平

三毛赠给友人的名片，粘在自己居室照片背面。

三毛在台北"小木屋"

三毛台北故居五楼起居室

三毛台北故居五楼空中花园

三毛台北故居四楼厨房

即興爵

Coffee。Dainty

台北，南京路四段，三毛家附近的一家咖啡馆

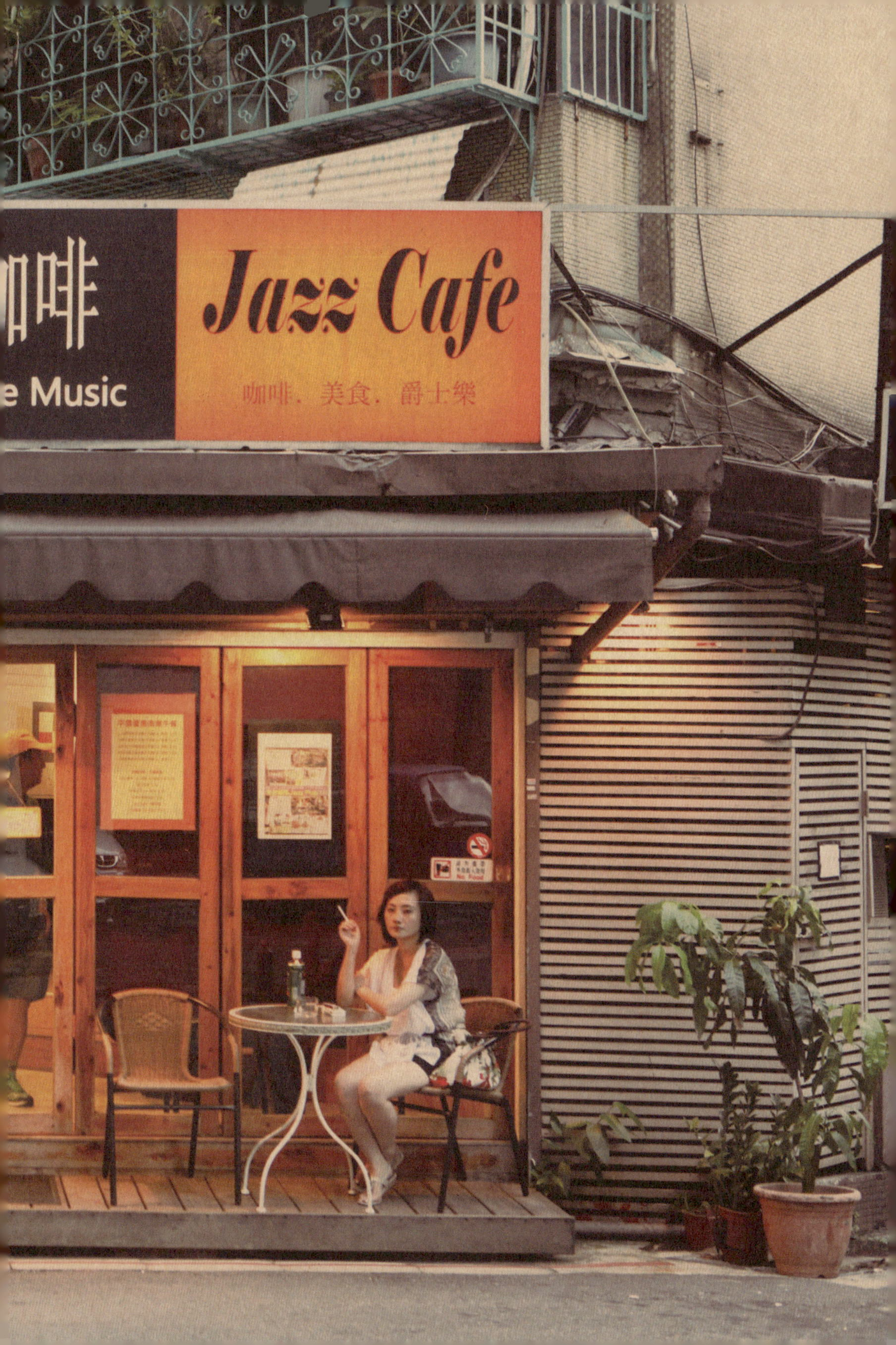
Jazz Cafe
e Music
咖啡．美食．爵士樂

好像在胡同里能碰见三毛

三毛故居街景

三毛常去的牛排馆

南京东路四段三毛小木屋外景

台北郊区三毛的度假房

惜缘的陶罐

房子没人打理，我提议，把故居里打扫干净。

八里三毛故居附近的地铁站。

20 年后，我终于再次来到三毛面前，虽然在时空维度上我们隔着遥远的距离，但在意念中我们却再次重逢。当我双手合十开始用内心默默与她对话的时候，陈达镇在一旁说："肖全来看你了，三毛。"

台湾金宝山公墓，这就是三毛永久安眠的灵位。

在公墓外的广场我发现了邓丽君的墓地

邓丽君的雕像正对着山丘上的墓园，想必三毛一定能时常能听到她的歌声。

在清泉山，我们拜访了三毛生前好友小丁神父。在清泉
山的教堂里，我送给小丁神父一张三毛的照片。我已经
忘记是谁随意将十字架放在了照片上了，在我眼中这仿
佛是一个神迹。

CHEN SI QING:

陈嗣庆

我家老二——三小姐

　　我的女儿陈平本来叫作陈懋平。"懋"是家谱上属于她那一代的排行，"平"是因为在她出生那年烽火连天，做为父亲的我期望这个世界再也没有战争，而给了这个孩子"和平"的大使命。后来这个孩子开始学写字，她无论如何都学不会如何写那个"懋"字。每次写名字时，都自作主张把中间那个字跳掉，偏叫自己陈平。不但如此，还把"陈"的左耳搬到隔壁去成为右耳，这么弄下来，做父亲的我只好投降，她给自己取了名字，当时才三岁。后来我把她弟弟们的"懋"字也都拿掉了。有一年，她又自作主张，叫自己ECHO，说："这是符号，不是崇洋。"她做ECHO做了好多年。有一年，问也没问我，就变成"三毛"了。变三毛也有理由，她说因为是家中老二。老二如何可能叫三毛，她没有解释。只说："三毛里面暗藏着一个易经的卦——所以。"我惊问取名字还卜卦吗？她说："不是，是先取了以后才又看易经意外发现的，自己也吓了一跳。"我听说，每一家的老二跟其他孩子有些不一样，三毛长大以后也很支持这种说法。她的道理是："老二就像夹心饼干，父母看见的总是上下那两块，夹在中间的其实可口，但是不容易受注意，所以常常会蹦出来捣蛋，以求关爱。"三毛一生向父母抱怨，说她备受家庭冷落，是挣扎成长的。这一点，我绝对不同意，但她十分

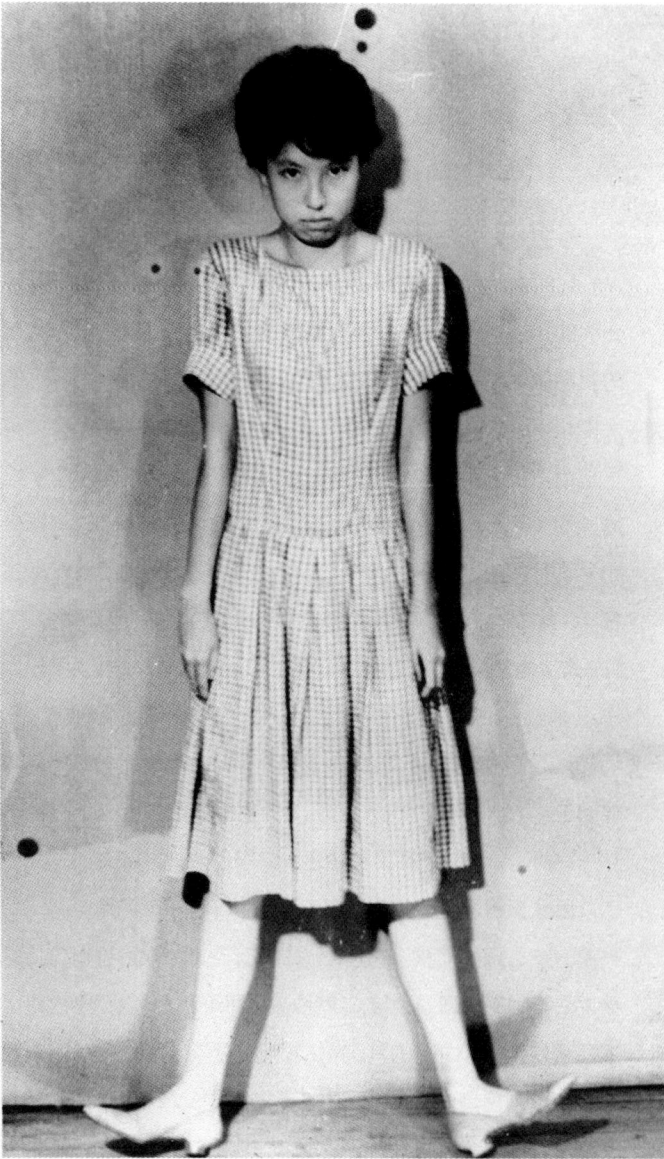

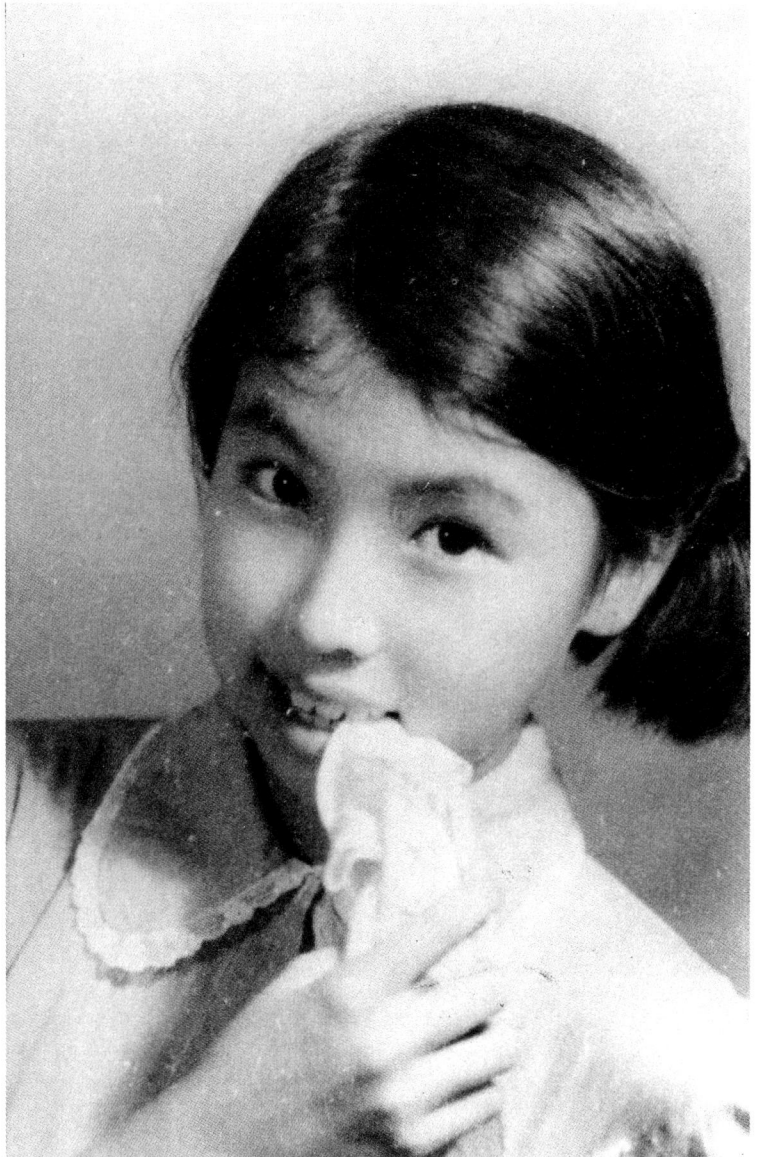

坚持。其实，我们做父母的这一生才是被她折磨。她十九岁半离家，一去二十年，回来时总要骂我们吃得太好，也常常责怪我们很少给她写信。她不晓得，写字这回事，在她是下笔千言，倚马可待，在我们来说，写一封信千难万难。三毛的家书有时每日一封，什么男朋友啦、新衣服啦、跟人去打架啦甚至吃了一块肉都来信报告。我们收到她的信当然很欣慰，可是她那种书信"大攻击"二十年来不肯休战。后来她花样太多，我们受不了，回信都是哀求的，因为她会问："你们怎么样？怎么样？怎么吃、穿、住、爱、乐，最好写来听听以解乡愁。"我们回信都说："我们平安，勿念。"她就抓住这种千篇一律的回信，说我们冷淡她。有一次回来，还大哭大叫一场，反正说我们二十年通信太简单，全得靠她的想象力才知家中情况。她要家人什么事都放下，天天写信给她。至于金钱，她倒是从来不要求。

三毛小时候很独立，也很冷淡，她不玩任何女孩子的游戏，她也不跟别的孩子玩。在她两岁时，我们在重庆的住家附近有一座荒坟，别的小孩不敢过去，她总是去坟边玩泥巴。对于年节时的杀羊，她最感兴趣，从头到尾盯住杀的过程，看完不动声色，脸上有一种满意的表情。

在重庆，每一家的大水缸都埋在厨房地里，我们不许小孩靠近水缸，三毛偏偏绝不听话。有一天大人在吃饭，突然听到打水的声音激烈，三毛当时不在桌上。等到我们冲到水缸边去时，发现三毛头朝下，脚在水面上拼命打水。水缸很深，这个小孩子居然用双手撑在缸底，好使她高一点，这样小脚才可打到水面出声。当我们把她提着揪出来时，她也不哭，她说："感谢耶稣基督。"然后吐一口水出来。

从那一次之后，三毛的小意外不断地发生，她自己都能化解。有一次骑脚踏车不当心，掉到一口废井里去，那已是在台湾了，她自己想办法爬出来，双膝跌得见骨头，她说："咦，烂肉裹的一层油原来就是脂肪，好看好看！"

三毛十三岁时跟着家中帮忙的工人玉珍到屏东东港去，又坐渔船远征小琉球。这不可怕，可怕的是：她在东港碰到一个军校学生，居然骗人家是十六岁！她交了今生第一个男朋友。在她真的十六岁时，她的各方男朋友开始从不知哪里冒出来

了。她很大方，在家中摆架子——每一个男朋友来接她，她都要向父母介绍，不来接她就不去。这一点，作为父亲的我深以为荣，女儿有人欣赏是家门之光，我从不阻止她。

等到三毛进入文化大学哲学系去做选读生时，她开始轰轰烈烈地去恋爱，舍命地去读书，勤劳地去做家教，认真地开始写她的《雨季不再来》。这一切，都是她常年休学之后的起跑。对于我女儿初恋的那位好青年，作为父亲的我，一直感激在心。他激励了我的女儿，在父母不能给予女儿的男女之情里，我的女儿经由这位男友，发挥了爱情正面的意义。当然，那时候的她并不冷静，她哭哭笑笑、神情恍惚，可是对于一个恋爱中的女孩而言，这不是相当正常吗？那时候，她总是讲一句话："我不管这件事有没有结局，过程就是结局，让我尽情地去，一切后果，都是成长的经历，让我去——"她没有一失足成千古恨，这怎么叫失足呢？她有勇气，我放心。我的二女儿，大学才念到三年级上学期，就要远走他乡。她坚持远走，原因还是那位男朋友。三毛把人家死缠烂打苦爱，双方都很受折磨，她放弃的原因是：不能缠死对方，而如果再住台湾，情难自禁，还是走吧。

三毛离家那一天，口袋里放了五块钱美金现钞，一张七百美元汇票单。就算是多年前，这也实在不多。我做父亲的能力只够如此。她收下，向我和她母亲跪下来，磕了一个头，没有再说什么。上机时，她反而没有眼泪，笑笑的，深深看了全家人

绘画也是一种语言

-

绘画也是一种语言
它会召唤我
所以每到一个美术馆去看画展
如果有一张好画
我一定会进去
无论它是什么派别
我都静静地坐在那里看
因为那一张画会
召唤我，吸引我，抓住我

一眼，动作很慢，可是她不肯回头。这时我强忍着泪水，心里一片茫然，三毛的母亲哭倒在栏杆上，她的女儿没有转过身来挥一挥手。

我猜想，那一刻，我的女儿，我眼中小小的女儿，她的心也碎了。后来她说，她没碎，她死了，怕死的。

三毛在西班牙做了三个月的哑巴、聋子，半年中的来信，不说辛酸。她拼命学语文了。

半年之后，三毛进入了马德里大学，来信中追问初恋男友的消息——可见他们通信不勤。

一年之后的那个女孩子，来信不一样了。她说，女生宿舍晚上西班牙男生"情歌队"来窗外唱歌，最后一首一定特别指明是给她的。她不见得旧情难忘，可是尚算粗识时务——她开始新天新地，交起朋友来。学业方面，她很少说，只说在研读中世纪神学家圣·多玛斯的著作。天晓得，以她那时的西班牙文程度怎能说出这种大话。后来她的来信内容对我们很遥远，她去念"现代诗""艺术史""西班牙文学""人文地理"……我猜想她的确在念，可是字里行间，又在坐咖啡馆、跳舞、搭便车旅行、听轻歌剧……这种蛛丝马迹她不明说，也许是以为不用功对不起父母。其实我对她的懂得享受生命，内心暗喜。第二年，三毛跑到巴黎、慕尼黑、罗马、阿姆斯特丹……她没有向家中要旅费，她说："很简单，吃白面包，喝自来水，够活！"

有一天，女儿来了一封信，说："爸爸妈妈，我对不起你们，从今以后，一定戒烟。"我们才知道她抽烟了。三毛至今对不起我们，她说："会戒死。"我们不要她死，她就一直抽。

她的故事讲不完，只有跳过很多。

三毛结婚，突然电报通知，收到时她已经结好婚了。我们全家在台湾只有出去吃一顿饭，为北非的她祝福。这一回，我细观女儿来信，她冷静又快乐，物质上没有一句抱怨，精神上活泼又沉潜。我们并没有因为她事先不通知而怪责她。这个老二，作风独特，并不是讲一般形式的人——她连名字都自己取，你拿她怎么办？二十年岁月匆匆，其中有五年半的时间女儿没有回过家，理由是"飞机票太贵了"。等到她终于回来了，在第一天清晨醒来时，她向母亲不自觉地讲西班牙文，问说："现在几点钟？"她讲了三遍，母亲听不懂，这才打手势，做刷牙状。等她刷好牙，用国语说："好了！脑筋转出来了，可以讲中文。"那一阵，女儿刷牙很重要，她在转方向，刷好之后一口国语便流出来。有一回，看见一只蟑螂在厨房，她大叫："有一只虫在地上走路！"我们说，那叫"爬"，她听了大喜。

三毛后来怎么敢用中文去投稿，只有天晓得。她的错别字在各报社都很出名，她也不害羞，居然去奖励编辑朋友，说："改一错字，给一元台币，谢谢！"她的西班牙文不好，可是讲出来叫人笑叫人哭都随她的意。

三毛一生最奇异的事就是她对金钱的态度，她很苦很穷过，可是绝对没有数字观念，也不肯为了金钱而工作。苦的那些年，她真的酱油拌饭，有钱的时候，她拼命买书、旅行，可是说她笨嘛，她又不笨，她每一个口袋里都有忘掉的钱，偶尔一穿，摸到钱，就匆匆往书店奔去。她说，幸好爱看书，不然人生乏味。她最舍不得的就是吃，吃一点东西就要叫浪费。有人请她吃上好的馆子，吃了回来总是说："如果那个长辈不请我吃饭，把饭钱折现给我，我会更感谢他，可惜。"

女儿写作时，非常投入，每一次进入情况，人便陷入"出神状态"，不睡不讲话绝对六亲不认——她根本不认得了。但她必须大量喝水，这件事她知道。有一次，坐在地上没有靠背的垫子上写，七天七夜没有躺下来过，写完，倒下不动，说："送

1974年，三毛与父母亲合影

医院。"那一回，她眼角流出泪水，嘿嘿地笑，这才问母亲："今天几号？"那些在别人看来不起眼的文章，而她投入生命的目的只为了——好玩。

出书以后，她再也不看，她又说："过程就是结局。"她的书架，回来不满一年半，已经超过两千本，架上没有存放一本自己的作品。三毛的书，我们全家也不看，绝对不看。可是她的书，对于我们家的"外交"还是有效的。三毛的大弟做生意，没有新书，大弟就来拿去好多本——他不看姐姐，他爱古龙。大弟拿三毛的书去做"生意小赠品"。东送一本，西送一本。小弟的女儿很小就懂得看书，她也拒看小姑的书，可是她知道——小姑的书可以去当礼物送给老师。我们家的大女儿除了教钢琴谋生之外，开了一家服饰店，当然，妹妹的书也就等于什么"你买衣服，就送精美小皮夹一只"一样——附属品。三毛的妈妈很慷慨，每当女儿有新书。妈妈如果见到人，就会略带歉意地说："马上送来，马上送来。"好似销不出去的冬季牛奶，勉勉强强请人收下。

在这个家里，三毛的作品很没有地位，我们也不作假。三毛把别人的书看得很重，每读好书一册，那第二天她的话题就是某人如何好，如何精彩，逼着家人去同看。这对于我们全家人来说真是苦事一桩，她对家人的亲爱热情，我们消受不了。她一天到晚讲书，自以为举足轻重，其实——我的外孙女很节俭，可是只要是张晓风、席慕蓉的书籍，她一定把它们买回来。有一回三毛出了新书，拿去请外甥女批评指教，那个女孩子盯住她的阿姨说了一声："你？"三毛在这件事上稍受挫折。另外一个孙女更有趣，直到前天晚上，才知道三毛小姑嫁的居然不是中国人，当下大吃一惊。这一回三毛也大吃一惊，久久不说话。三毛在家人中受不受到看重，已经十分清楚。目前我的女儿回来定居已经十六个月了，她不但国语进步，闽南语也流畅起来，有时候还去客家朋友处拜访住上两天才回台北。她的日子越来越通俗，认识的三教九流呀，全岛都有。跑的路比一生住在岛上的人还多——她开始导游全家玩台湾。什么产业道路弯来弯去深山里面她也找得出地方住，后来再去的时候，山胞就要收她做干女儿了。在我们这条街上她可以有办法口袋空

四姐弟合影，1963 年，台湾桃园
左起：陈圣、陈田心、陈平、陈杰

空地去实践一切柴米油盐，过了一阵去付钱，商人还笑说："不急，不急。"女儿跟同胞打成一片，和睦相处。我们这幢大厦的管理员一看她进门，就塞东西给她吃。她呢，半夜里做好宵夜一步一步托着盘子坐电梯下楼，找到管理员，就说："快吃，是热的，把窗关起来。"她忙得很起劲。女儿虽然生活在台北市，可是活得十分乡土，她说逛百货公司这种事太空虚，她是夜市里站着喝爱玉冰的人。前两天她把手指伸出来给我和她母亲看，戴的居然是枚金光闪闪的老方戒指，上面写个大字"福"。她的母亲问她："你不觉得这很土吗？"她说："嗳，这你们就不懂了。"

我想，三毛是一个终其一生坚持心神活泼的人，她的叶落归根绝对没有狭窄的民族意识，她说过："中国太神秘太丰沃，就算不是身为中国人，也会很喜欢住在里面。"她根本就是天生喜爱这个民族，跟她的出身无关。眼看我们的三小姐——她最喜欢人家这么喊她，把自己一点一滴融进中国的生活艺术里去，我的心里充满了复杂的喜悦。女儿正在品尝这个社会里一切光怪陆离的现象，不但不生气，好似还相当享受鸡兔同笼的滋味。她在台北市开车，每次回家都会喊："好玩，好玩，整个大台北就像一架庞大的电动玩具，躲来躲去，训练反应，增加韧性。"她最喜欢罗大佑的那首歌——《超级市民》，她唱的时候使任何人都会感到，台北真是一座可敬可爱的大都市。有人一旦说起台北市的人冷淡无情，三毛就会来一句："哪里？你自己不会先笑呀？还怪人家。"

我的女儿目前一点也不愤世，她对一切现象，都说："很好，很合自然。"三毛是有信仰的人，她非常赞同天主教的中国风俗化，看到圣母马利亚面前放着香炉，她不但欢喜一大场，还说："最好再烧些纸钱给她表示亲爱。"

对于年青一代，她完全认同，她自己拒吃汉堡，她吃小笼包子。可是对于吃汉堡的那些孩子，她说："当年什么胡瓜、胡萝卜、狐仙还不都是外货？"

我说狐仙是道地中国产，她说："它们变成人的时候都自称是姓胡！"

只有年青一代不看中国古典文学这一点，她有着一份忧伤，对于宣扬中国文学，她面露坚毅之色，说："要有台北教会那种传福音的精神。"

只述到这里，我的女儿在稿纸旁边放了一盘宁波土菜"抢蟹"——就是以青蟹加酒和盐浸泡成的，生吃。她吃一块那种我这道地宁波人都不取入口的东西，写几句我的话。

我看着这个越来越中国化的女儿，很难想象她曾经在这片土地上消失过那么久。现在的她相当自在，好似一辈子都生存在我们家这狭小的公寓里一样。我对她说："你的适应力很强，令人钦佩。"她笑着睇了我一眼，慢慢地说："我还可以更强，明年改行去做会计给你看，必然又是一番新天新地。"

MIAO JIN LAN:

缪进兰

我 有 话 要 说

　　看见不久以前《中时晚报》作家司马中原先生的夫人吴唯静女士《口中的丈夫》那篇文章，我的心里充满了对于吴唯静女士的了解和同情。这篇文章，真是说尽了作为一个家有写书人这种亲属关系的感受。

　　我的丈夫一向沉默寡言，他的职业虽然不是写作，可是有关法律事务的讼诉，仍然离不开那支笔。他写了一辈子。

　　我的二女儿在公共场所看起来很会说话，可是她在家中跟她父亲一色一样，除了写字还是写字，她不跟我讲话。他们都不跟我讲话。

　　我的日子很寂寞，每天煮一顿晚饭、擦擦地、洗洗衣服，生活在一般人眼中看来十分幸福。我也不是想抱怨，而是，好不容易盼到丈夫回家来了，吃完晚饭，这个做父亲的就把自己关到书房里面去写公事。那个女儿也回到她房间里去写字、写字。

　　他们父女两人很投缘——现在。得意地说，他们做的都是无本生意，不必金钱投资就可以赚钱谋生。他们忘了，如果不是我照顾他们的生活起居，他们连柴也没得烧。其实我就是三毛的本钱。当然她爸爸也是。

　　以前她写作，躲回自己的公寓里去写。我这妈妈每天就得去送"牢饭"。她那铁门关得紧紧的，不肯开，我就只好把饭盒放在门口，凄然而去。有时第二天、第三天去，那以前的饭还放在外面，我急得用力拍门，只差没哭出来。她写作起来等于生死不明。这种情形，在海外也罢了，眼不见为净。在台湾，她这么折磨我，真是不应该。

　　说她不孝顺嘛，也不是的，都是写作害的。

人家司马中原毕竟写了那么多书。我的女儿没有写什么书，怎么也是陷得跟司马先生一样深，这我就不懂了。有很多时候她不写书，可是她在"想怎么写书"：她每天都在想。问她什么话，她就是用那种茫茫然的眼光来对付我。叫她回电话给人家，她口里答得很清楚："知道了。好。"可是她一会儿之后就忘掉了。夜间总是坐在房里发呆，灯也不开。

最近她去旅行回来之后，生了一场病，肝功能很不好，反而突然又发痴了。我哀求她休息，她却在一个半月里写了十七篇文章。现在报纸张数那么多，也没看见刊出来，可是她变成了完全不讲一句话的人。以前也不大跟朋友交往，现在除了稿纸之外，她连报纸也不看了。一天到晚写了又写。以前晚上熬夜写，现在下午也写。电话都不肯听。她不讲话叫人焦急，可是她文章里都是对话。

她不像她爸爸口中说的对于金钱那么没有观念，她问人家稿费多少毫不含糊。可是她又心软，人家给她一千字两百台币她先是生气拒绝的，过一下想到那家杂志社是理想青年开的，没有资金，她又出尔反尔去给人支持。可是有些地方对她很客气，稿费来得就多，她收到之后，乱塞。找不到时一口咬定亲手交给我的，一定向我追讨。她的确有时把钱交给我保管，但她不记账，等钱没有了，她就说："我不过是买买书，怎么就光了，奇怪！"

对于读者来信，我的女儿百分之九十都回信。她一回，人家又回，她再回，人家再来，雪球越滚越大，她又多了工作，每天要回十七封信以上。这都是写字的事情，沉默的，她没有时间跟我讲话。可是碰到街坊邻居，她偏偏讲个不停。对外人，她是很亲爱很有耐性的。

等到她终于开金口了，那也不是关心我，她在我身上找资料。什么上海的街呀弄呀、舞厅呀、跑马场呀、法租界英租界隔多远呀、梅兰芳在哪里唱戏呀……都要不厌其详地问个不休。我随便回答，她马上抓住我的错误。对于杜月笙那些人，她比我清楚。她这么怀念那种老时光，看的书就极多，也不知拿我来考什么？她甚至要问我洞房花烛夜是什么心情，我哪里记得。这种写书的人，不一定写那问的题材，可是又什么都想知道。我真受不了。

我真的不知道，好好一个人，为什么放弃人生乐趣就钻到写字这种事情里去。她不能忍受朝九晚五的上班族，可是她那颠颠倒倒的二十四小时不是比上班的人更苦？我叫她不要写了、不要写了，她反问我："那我用什么疗饥？"天晓得，她吃的饭都是我给她弄的，她从来没有付过钱。她根本胡乱找个理由来搪塞我。有时候她也叫呀——"不写了、不写了。"这种话就如"狼来了！狼来了"，她不写，很不快乐，叫了个一星期，把门砰地一关，又去埋头发烧。很复杂的人，我不懂。

　　对于外界的应酬，她不得已只好去。难得她过生日，全家人为了她订了一桌菜，都快出门去餐馆了，她突然说，她绝对不去，怕吵。这种不讲理的事，她居然做得出来。我们只有去吃生日酒席——主角不出场。

　　这一阵她肌腱发炎，背痛得坐也不是、站也不是，还哭了一次。医生说："从此不可伏案。"她说："这种病，只有写字可以使我忘掉令人发狂的痛。"她一字一痛地写，一放笔就躺下沉默不语，说："痛得不能专心看书了，只有写，可以分散我的苦。"那一个半月十七篇，就是痛出来的成绩。我的朋友们对我说："你的女儿搬回来跟你们同住，好福气呀。"我现在恨不得讲出来，她根本是个"纸人"。纸人不讲话，纸人不睡觉，纸人食不知味，纸人文章里什么都看到，就是看不见她的妈妈。

　　我晓得，除非我飞到她的文章里也去变成纸，她看见的还只是我的"背影"。

　　现在她有计划地引诱她看中的一个小侄女——我的孙女陈天明。她送很深的书给小孩，鼓励小孩写作文，还问："每当你的作文得了甲上，或者看了一本好书，是不是心里有一种说不出的滋味？"那个被洗脑的小孩拼命点头。可恨的是，我的丈夫也拼命点头。

　　等到这家族里的上、中、下三代全部变成纸人，看他们不吃我煮的饭，活得成活不成。

三毛的全家福

三毛和她的姐姐

CHEN TIAN XIN:

陈田心

我 的 妹 妹

　　我跟妹妹差3岁，所以小的时候都是我们两个人在一起玩耍。后来到了南京，张乐平的《三毛流浪记》开始进入三毛生命。父亲下班时，三毛跑过去翻他公文包，看看爸爸今天有没有带一册《三毛流浪记》回家给她看。她后来发表她的文章，第一篇《结婚记》，她的笔名是"三毛"。

　　后来到台湾，我常常被老师罚，我觉得好像老师就有这样的权力，但是三毛的看法不一样。有一天大概是因为她有一些数学题没做好，老师就用粉笔画了一个圈叫她站在里面，然后又用墨水给她画了两个眼睛，像熊一样。当墨汁没有干，滴在她的脸上的时候，她的眼泪就流下来了。她回去以后跟妈妈说："这个学我不再去了。"

　　她后来遇见荷西，开始她的伴侣生活。我们的结婚礼物都是钻戒，但是她的结婚礼物是什么呢？当她穿着一袭的洋装，穿着凉鞋走在沙漠里的时候，荷西递给她的是一个骆驼头骨，她接到以后欣喜若狂。荷西是一个很忠厚的人，有一张照片是他跟我父亲下象棋。三毛就在旁边说："你要好好下，最好要让一步，我看你也赢不了，因为都是中国字，你能记下来就不错了。"我父母也非常喜欢荷西，因为他是一个很善良的人。我们看到荷西去世，在文章里面三毛写，第二天她去荷西的坟上，泥土还没有干，她用手挖泥土，她的血从指甲里流出来……

　　后来我的父母把她带回台湾来了，这样一个仪态万千又风情万种的女人，会有一些男士来敲门的，所以那时候我们家里又经常有一些人来登门拜访。三毛在德国的一位同学长大以后做了外交官，很好的一个人，彬彬有礼，文学的修养都很好。我们就在旁边跟她讲："妹妹这个可以了，这样你就另外有个人陪你走人生。"

三毛与母亲、姐姐在一起的合影

呆板的学习

-

小时候身体不太健康

初中休学在家

父亲问我要做些什么

我自己也很模糊

我拿了画笔

就期望能在画中探索生命的问题

可是国画的学习是

老师画一张，你临摹一张

这跟念古诗的方法一样

使我觉得很呆板无趣

其实后来我也体会到这样还是有他

的道理

只是当时年纪小，不能理解

总想法排斥它，反抗它

CHEN JIE:

陈 杰

我 的 姐 姐

我跟三毛一起生活了四十八年，三毛大我八岁。

三毛 1967 年到西班牙留学，她的西班牙文比西班牙人还要好。之后她到德国留学，学会了德文。三毛住在台湾的时候，有很多美国的朋友，所以她的英文也相当好。讲到方言，三毛会讲四川话；会讲南京话；我的父母亲是浙江定海人，讲的是宁波话，也会讲上海话。然后我们再到台湾，家里帮忙的人就教她讲台湾话，她非常有语言的天分。

三毛酒量非常好。我们家平常是一个完全不会喝酒的家庭，父母亲出去应酬的时候只是稍微沾唇一下。三毛平常在家里不喝酒，但是跟朋友出去她可以喝一整瓶的威士忌酒或者是一整瓶的白干，她一点事都没有，酒量非常好。

另外讲到一个不太好的习惯，三毛抽烟。三毛她在 1967 年到西班牙留学，刚好是欧美的妇女解放运动到中段。喝酒、抽烟虽然是不好的习惯，但是我们现在想想人生有一点点小乐趣又何妨。

最后我想讲到三毛的死亡。大家都知道我姐姐三毛她是自杀的，为什么要走上这条不归路呢？我们家里人，包括父母亲，真的不知道，为什么好好的一个人，她在死亡那一天晚上还跟我母亲通过电话，讲得很好，为什么过了几个钟头以后人就走了呢？我想了那么多年，我们弟兄姐妹想了那么多年，不得解答。

三毛的离开是我们人生的一部分，我们只能接受这个事实，三毛的一生高低起伏，遭遇大风大浪，表面是风光的，心里是苦的，幸亏有家人还有很多好朋友的关怀。

1985 年 1 月，三毛受邀至新加坡演讲

PAI HSIEN YUNG:

白先勇

生 命 的 流 浪 者

　　一九六一年的某一天，我悠悠荡荡步向屋后的田野，那日三毛——那时她叫陈平，才十六岁——也在那里溜达，她住在建国南路，就在附近，见我来到，一溜烟逃走了。她在《蓦然回首》里写着那天她"吓死了"，因为她的第一篇小说《惑》刚刚在《现代文学》发表，大概兴奋紧张之情还没有消退，不好意思见到我。

　　其实那时我并不认识三毛，她那篇处女作是她的绘画老师"五月画会"的顾福生拿给我看的，他说他有一个性情古怪的女学生，绘画并没有什么天分，但对文学的悟性却很高。《惑》是一则人鬼恋的故事，的确很奇特，处处透着不平常的感性，小说里提到《珍妮的画像》，那时台北正映了这部电影不久，是珍妮弗·琼丝与约瑟戈登主演的，一部好莱坞式十分浪漫离奇人鬼恋的片子，这大概给了三毛灵感。《惑》在《现代文学》上发表，据三毛说使她从自闭症的世界解放了出来，从此踏上写作之路，终于变成了名闻天下的作家。

　　我第一次见到三毛，要等到《现代文学》一周年纪念，在我家松江路一二七号举行的一个宴会上了。三毛那晚由她堂哥做伴，因为吃完饭，我们还要跳舞。我记得三毛穿了一身苹果绿的连衣裙，剪着一个赫本头，闺秀打扮，在人群中，她显得羞怯生涩，好像是一个惊慌失措、需要人保护的迷途女孩。

　　二十多年后重见三毛，她已经蜕变成一个从撒哈拉沙漠冒险归来的名作家了。三毛创造了一个充满传奇色彩瑰丽的浪漫世界，里面有大起大落生死相许的爱情故事、引人入胜不可思议的异国情调、非洲沙漠的驰骋、拉丁美洲原始森林的探幽——这些常人所不能及的人生经验三毛是写给年轻人看的，难怪三毛变成了海峡两岸的青春偶像。

　　正当她的写作生涯日正当中，三毛突然却绝袂而去，离开了这个世界。去年三毛自杀的消息传来，大家都着实吃了一惊，我眼前似乎显出了许多个不同面貌身份的三毛蒙太奇似的重叠在一起，最后通通淡出，只剩下那个穿着苹果绿裙子十六岁惊惶羞怯的女孩——可能那才是真正的三毛，一个拒绝成长的生命流浪者，为了抵抗时间的凌迟，自行了断，向时间老人提出了最后的抗议。

（节选自《不信青春唤不回》

我的恩人

-

我觉得顾老师是我最大的恩人

他使我的眼睛亮了起来

像一个瞎子看到了东西一样

我一生都要感谢他

在那种年龄所画的是谈不上技巧

却还是有我自己的内涵

我不是一个能够苦练下功夫的人

如果我能苦练

也许在绘画上会有点小成就

不过直到今天我还不断地在画

这是大陆的书法家倪竹青先生当场写给我的一首诗：

见面宛然如梦，两地悲欢慨慷
捧献葡萄酒，共诉分离情况
情况，情况，四十载相思今偿。

是的，竹青叔叔，在我三岁六个月的时候，你抱过我。
而现在，四十年的相思却没有——今偿。我更想念你了。

1988 年，美籍老师艾琳参观明道中学

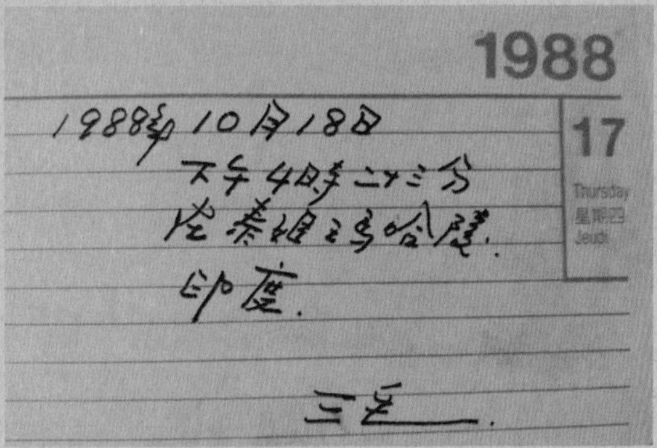

1988 年 10 月 18 日

下午四时二十三分

在泰姬玛哈陵（泰姬陵）

印度

          ——三毛

陈杰兄送给我的三毛照片（2018 年 10 月 重庆）

大陸漫画筆主 张乐平先生.
以"三毛流浪记"等书. 创
造出一个永恒的三毛。
现今时代的三毛. 在
上海跟"三毛之父"相聚三日
相聚三日之后. 相约后会
有期. 互道珍重再见。

大陆漫画笔主张乐平先生，以《三毛流浪记》等书，创造出了一个永恒的三毛。现今时代的三毛，在上海跟"三毛之父"相聚，三日之后，相约后会有期，互道珍重再见。

阿隆伯母说：：我嘛，原先住在上海的，後来聽人说，在上海，人死了爸爸（强迫烧成灰的。我一吓，逃回乡下来住了。这里可以土葬，起码死了还留下一把骨头。平平，你不要笑，骨头我是还要的。

⑦

P94上

阿隆伯母说："我嘛，原先是住在上海的，后来听人说，在上海，人死了要强迫烧成灰的。我一吓，逃回乡下来住了。这里可以土葬，起码死了还留下一把骨头。平平，你不要笑，骨头我是还要的。"

大伯母一定要我带回台湾一瓶"烧酒渍杨梅"，我说太重了，带不走。为了伯母高兴，拿出一颗"渍杨梅"来，向她说："你看，我吃了，我现在就吃下去，你高不高兴？"

这是我最喜欢的一种"旅行饮食"方式。
好，拿两个烧饼了。

——上海，朱家角小镇，1989

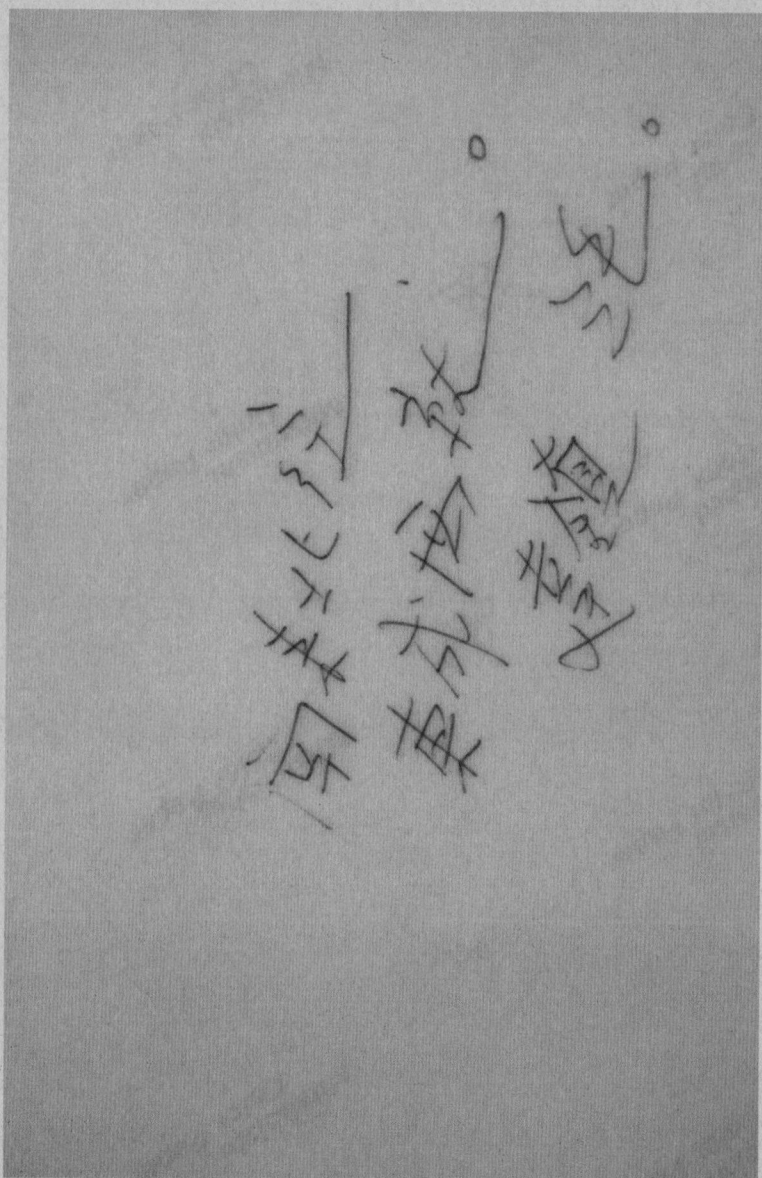

南来北往，东成西就。

1989 年，三毛与侄女，摄于尼泊尔

1990 年 8 月 25 日

1990 年，三毛在甘肃敦煌

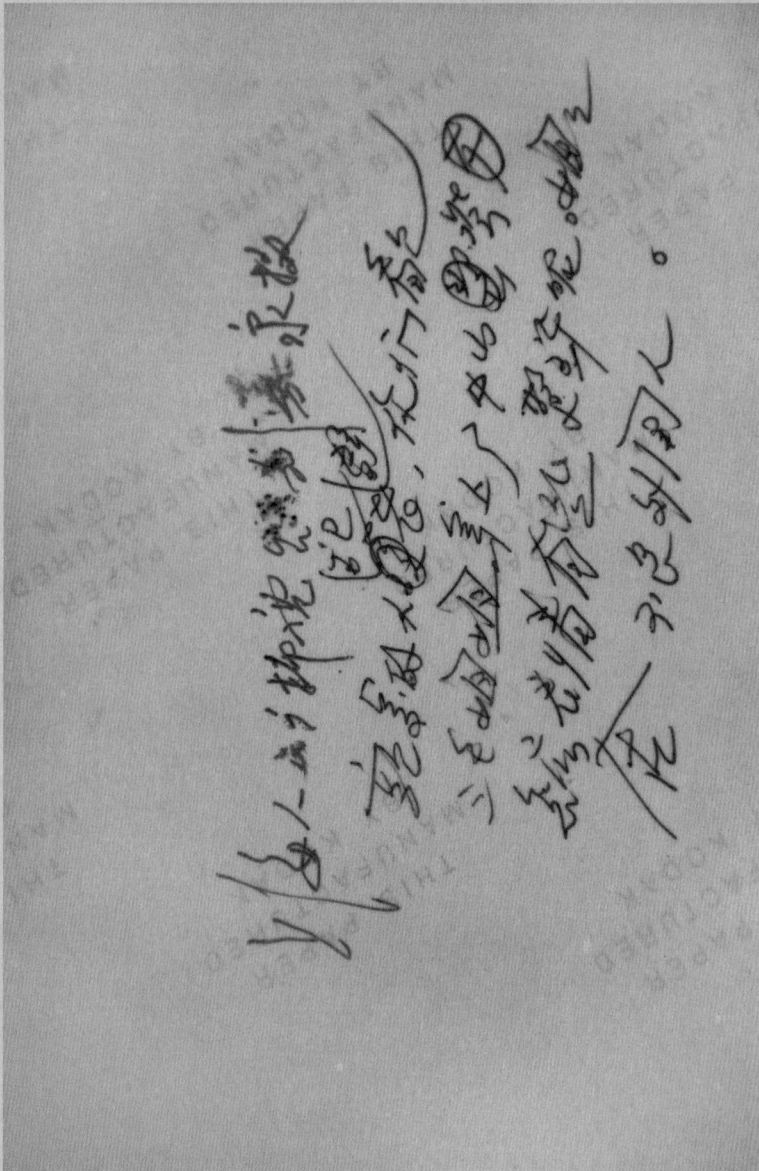

你们看见三毛姐姐拿上了中山装怎么表情有些惊讶呢。姐姐不是外国人。

三毛摄影作品

三毛摄影作品

1967年，摄于西班牙，马德里读书期间。三毛席地坐着。

飘飘何所似，海天一沙鸥。

P69   ~~~~~ %. 145% CANARIA / 1983
                                 ECHO

三毛、荷西以及他们的朋友

1972—1979

04

撒哈拉·荷西

ECHO-ECHO:

袁琼琼：三毛一生

心　岱：她的伤痕

ECHO:

包容

他的死亡改变了我

我经历过一个全
的死亡，他使我
从那时候起，我
把它看得那么淡
痛，但事后想起
有什么了不起。

心全意相爱的人
长大许多许多，
才知道生死可以
当时当然很伤
来，这个离别又

YUAN QIONG QIONG:

袁琼琼

三毛一生

　　三毛原名陈平。1943年在重庆出生。当时正是抗日战争（1931—1945）末期。虽然陈家住在大后方，然而战乱时期的恐慌与不确定，想必在她母亲怀孕时影响过她。三毛从小就非常敏感，近乎神经质，缺乏适应环境的能力。

　　按照家谱，父亲给她取名"陈懋平"。因为这"懋"字笔画太多，三毛写自己名字的时候就故意跳过去，只写"陈平"两字。父母亲规范不了她，反倒被她改变，索性让弟弟们取名也不依家谱，一起略掉了那个"懋"字。

　　这看似小事，不过显现了三毛不守成规的个性。

　　三毛在家中排行第二，上有大她三岁的姐姐陈田心，下面是两个弟弟：陈圣和陈杰。在家里，父母和姐姐喊她"妹妹"，弟弟们喊她"小姐姐"，没有人喊她三毛。

　　三毛在念初中时给自己取了ECHO的名字，这名字终身跟随她，成为她的外文名。荷西和外籍友人都唤她ECHO。

　　三毛性情激烈、敏感，对人对事充满好奇，也充满爱心。意外的是，这种性格的她有两面性：喜爱人群，却无法合群。她一生都在这样的矛盾中：需要朋友，却又与朋友无法深刻交往。需要家人，却又无数次逃离家人。男友无数，但真正进入她内心的，可能只有荷西。

　　荷西比三毛小九岁。年岁差距一开始就界定了双方不大可能是两小无猜的纯粹关系。荷西个性较内向安定，排行七。因为年纪小，相对不受重视。而他自己家却争吵不断，兄弟姐妹甚至成年后还会因为打闹受伤（真的）。这种环境荷西无法适应，他从小就希望能有安静的、温馨的家。这见于他对三毛说的：十三岁时即许愿将来要娶日本妻子。

他在十六岁时认识三毛。当时三毛风华正茂，追求者众多，甚至荷西的哥哥，父执徐耀明的儿子都被她迷得神魂颠倒。两人似朋友似姐弟地交往了一年，荷西向三毛求婚。三毛拒绝了，理由是："你太小，我不知道未来会发生什么。"之后，荷西便决定要让自己看上去年纪大。六年后，三毛回西班牙，跟她相见的荷西二十三岁，留着一把大胡子。

终其一生，他始终维持着这种与三毛匹配的外形。三毛其实颇在意此事，家书中好几次跟家人埋怨沙漠风沙让自己皮肤变粗皱纹变多人变老，但总会附加一句："但是我和荷西一起并不显得我比他大。我们看上去很配。"

三毛嫁给荷西时 32 岁。她出生于 1943 年，在她生长的年代，女性婚龄通常是 20—25 岁，三毛"嫁不出去"，是全家的负担。三毛家书中无数次表达了这种压力。尤其她婚缘不顺，男友虽多，合适的很少，最接近婚姻的一次是与德国教师 GERBERT。但 GERBERT 在婚前猝死。

与 GERBERT 结婚之前，友人转来荷西信件，内中有他成年后的照片，还有对三毛不变的爱和思念。在婚事破碎之后，赴西班牙的三毛，不乏在荷西身上找寻结婚希望的可能性。

抵达马德里之后，三毛与荷西联络上。她发现荷西想娶她的心思从来没改变。于是三毛主动提婚事，荷西非常高兴。从资料上看，两人从见面重逢，到决定结婚，其间可能不到半个月。

在三毛，嫁给荷西或许跟父母交代的成分较多。她的家书上说："如果不合适，可以离婚，至少是结过婚了。"

与三毛文章里写的不同，之所以去沙漠，不是三毛点着地图说："我爱这里。"其实是荷西在沙漠里找到了工作。三毛嫁鸡随鸡，跟着荷西到了撒哈拉。甚至这时两人都还没结婚（因为证件的问题），只有婚约。抵达沙漠三个月后，两人才办了正式结婚手续。

沙漠生活非常苦，要吃要喝都得走三四小时的路去购买，甚至还不一定每天买得到。物价又高到不可思议。三毛几度跟家里埋怨，以这种花费，在马德里和台北都可以过高档生活。而在这里却必须用"海水"煮饭。因为淡水极贵，买不起。

荷西的工作是潜水到海底爆破，工时极长，每天要做十五小时。早上出门，总要深夜才回来。三毛在此生活异常孤寂，她在家书诉苦："我寂寞得难以忍受。"但也正是沙漠生活改变了她。外在，她开始写作，投稿，内在部分：由于环境（没地方去玩，且沙漠民族知识水平差，性格粗暴），三毛那种孔雀似的花枝招展的魅力完全使不上，她开始变得沉静、安静。

在沙漠中，两口子相依为命，另外便是荷西如同孩子般，对于三毛那种全心依赖的爱，让三毛充实。

我个人感觉，两个人之间，有多少母子般的情愫。三毛自己也清楚。她照顾荷西吃喝，替荷西解决一切他解决不了的事。帮他安抚婆家，与他的朋友交往。在荷西死前一年，三毛发现荷西晚上总是不睡。因为三毛夜间写稿，而隔房的荷西就一直睁大眼不睡，等她写完回房间来。

三毛发现后问荷西为什么不睡。荷西说："我睡觉要抱着你的手，没有你的手，我睡不着。"因为荷西的工作很危险，必须睡眠充足，因此三毛说她为了要让荷西睡觉，决定封笔。

但是不久后，荷西身亡。

在荷西死后，三毛随父母回到台湾。发现自己红不可当，社交及演讲约稿的邀约排山倒海。她在演讲中，总是会讲到荷西，讲到两人的婚姻生活。值得注意的是，她谈到荷西总是说："那个男孩子。"在她眼中，从初识到死亡，荷西始终是个"男孩子"。在耕莘的一次演讲，结束前，三毛哽咽无法讲述，中断停止，题目也叫作"一个男孩子的爱情"。

对于三毛，这之后，她再没有遇到能够与荷西对等的信赖、依赖与爱情。这是三毛的余生始终无法在感情上满足、对荷西无法忘怀的主要原因。

一个悲哀的角度，我们可以说：三毛的余生，不过是等待与荷西再度相会而已。

在1991年，她自己结束了这个等待。

包容

-

他原是很有个性的人

可是在爱的前提下

他一切包容了我

他不必把爱字挂在口上或行动上

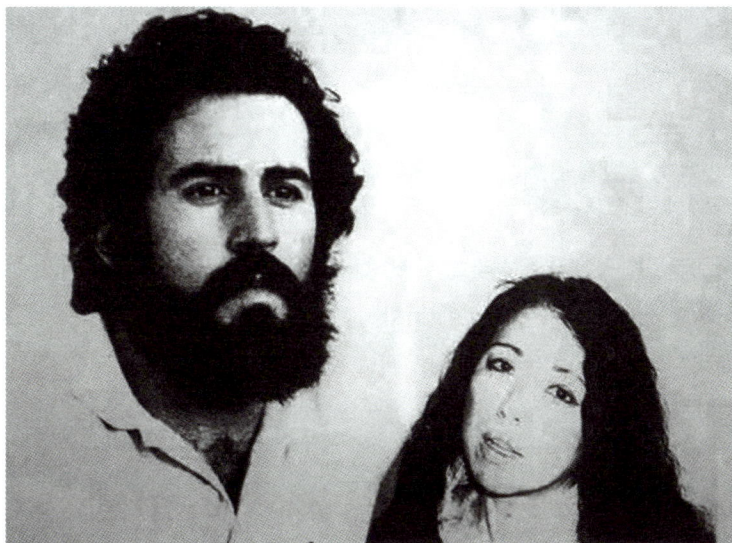

XIN DAI:

心 岱

她 的 伤 痕

她的伤痕

　　"我经历过一个全心全意相爱的人的死亡，他使我长大许多许多，从那时候起，我才知道生死可以把它看得那么淡，当时当然很伤痛，但事后想起来，这个离别又有什么了不起。甚至我不再期望将来有一个天国让我们重聚，我觉得那不需要了。我的人生观因为这人的死亡有了很大的改变，我在他身上看穿了我一生中没法看穿的问题。"

　　人的相爱并不要朝朝暮暮，能够朝朝暮暮最好，不能朝朝暮暮也没什么。她体认了这一点，因此能毫不隐蔽她的创伤，她要让她的伤痕自然痊愈。

　　"从前，我对结婚的看法是以爱情为主，个性的投合不考虑。我不否认我爱过人，一个是我的初恋，他是一个影响我很重要的人。另一个是我死去的朋友。一个是我现在的丈夫。如果从分析爱情的程度来说，初恋的爱情是很不踏实、很痛苦的，假使我在那个时候嫁给初恋的人，也许我的婚姻会不幸福。第二个因为他的死亡，他今天的价值就被我提升了。也许他并没有我认为的那么好，但因为他死在我的怀里，使我有一种永远的印象。而他的死造成了永恒，所以这个是心理上的错觉。我跟我先生没有经过很热烈的爱情，可是我对婚姻生活很有把握，因为我知道他的性情跟我很投合，我们的感情在这种投合中产生。"

个性的相投并不是指我爱看这本书，他就非要爱看这本书，有些人会曲扭了这种真意。

说到她的先生，一种幸福、快乐、骄傲的神色洋溢了她的面容。

荷西·荷西

谁都知道她的丈夫——那个留大胡子的荷西，他是一个很粗犷的男子，他不会对她赔小心，也不会甜言蜜语，甚至当她提一大堆东西时，他会自顾走在前面把她忘记了。他回到家，家就是他整个堡垒。在沙漠的时候，他常突然带朋友回来吃饭，她只好千方百计去厨房变菜，他们一大伙人喝酒、欢笑，一晚上把她忘在厨房里，等她出来收盘子洗碗时，荷西还不记得她没吃过饭呢。这样的事初时委实令她难过，以为他忽略了她，但是渐渐地，她了解了，荷西在家里是这样自由，那才是他嘛。要是他处处赔小心、依你，那他不是成了奴隶。

"我要我的丈夫在我面前是一个完全自由的人，因为他到外面去是一个完全不自由的人，他有上司，有同事，他已受了很大的压力。为了赚钱，为了我，他才来沙漠。那为什么在回家来，他愿意看一场电视侦探片，我觉得很肤浅。我怎么能要求他做一个艺术家。他像一个平原大野的男人，我不让他对我说什么甜言蜜语，但我可以完完全全地了解他。"在爱的前提下，一个了不起的丈夫是可以包容一切的。在以往，她认为爱绝不是一种包容，你要发泄，你就发泄，追求理想主义的她总是说要真诚，不必容忍，两个相爱就可以同居，不相爱就分离。

"但是直到我遇到了荷西以后，我改变了我的观念。有好几次因为身体不舒服，再加上本身脾气暴躁、气量狭窄，我找事情跟他吵闹时，我看他这样的忍耐，一句话也不说。他原是很有个性的人，可是在爱的前提下，他一切包容了我，他不必把爱字挂在口上或行动上。荷西是我大学的同学，他比我还小一些。我结婚的时候，我就决定做一个好妻子。"

一个多么可爱又可贵的女人。她认为"浪漫"两个字都是三点水边，是有波浪的东西。如今，她的内心并非一片死水，她是有如明镜般的止水，平静明丽，这种境界当然是婚姻带来的。她爱荷西，愿意为他生儿育女，如果环境好的话，她要生更多更多，因为是他的孩子。

"如果我没有他的孩子，是我很大的遗憾。这个时候，我不仅仅要一个孩子，我要的是他的孩子，这孩子才是我们两人生命的延续。"

病容掩饰不了她大眼睛里炯炯的光辉，做一个妻子真好，做一个母亲更伟大，她的期待应为天下人来共同祝福和祷告。

她纤瘦秀丽的外形，使人无法揣想她真是《撒哈拉的故事》里的那个三毛。虽然在沙漠时，也闹着小毛小病。去年十月三十一日，因为时局的关系，她被逼着离开沙漠，有十五天她没有荷西的消息。

"我是先乘飞机走的，他则自己开车到海边。我知道如果我耍赖，硬要跟他在一起走时，就会成为他的累赘。他是一个男人，他怎么逃都可以，带了我反而不能了，于是我才先走。"

那半个月，她几乎在疯狂的状态下。她在岛上等他的消息，每天一早就上机场，见人就问。

"我每天抽三包烟，那是一种迫切的焦虑，要到疯狂的程度。夜间不能睡，不能吃，这样过了十五天，直到等到了荷西，以后身体忽然崩溃了。荷西在岛上找不到工作，我们生活马上面临现实的问题，他只好又回去以前的地方上班。我虽然告诉他，我很健康、很开朗，一个人也可以过得很好，事实上，我知道我不行的，我骗了他。"

尽管分离短暂，但战乱之中，谁对自己的生命有信心？荷西每一趟回家，对她就像过一个重大的节日。在确定的两天之前，她就兴奋着，而他一回来，立刻跑在她面前，抱着她的腿，他不愿她看见他的眼泪，把头埋进她的牛仔裤里不肯起来。荷西还是一个孩子，他对她有一种既是母亲又是妻子的爱情。

她有些呜咽，但我知道她不是轻易会掉泪的女子。她并非贪恋太平盛世的祥和，她是为了一群在烽火里奔波劳苦的人民悲悯。

"荷西第二天又走了，我便一直病到现在。这种情绪上的不稳定，我无法跟我的父母或朋友倾诉。我想这也不是一种不坚强，你知道，我想你在这个时候一定比我更能体会……"

我点点头，我自然能了解，但她无须我的安慰。因为她是个最幸福的女子，她对爱的肯定和认可已经超出了一切价值之上。

"后来我出了车祸，荷西打电报给我，说他辞了工作要回家。其实他还可以留在那边继续工作，他的薪水刚刚涨，但他毅然地不做了，他知道我病得很重。"

浮生六记

"荷西有两个爱人，一个是我，一个是海。"

她又开朗地笑了。虽然她饱受生活的波折，但她似乎不知道哀伤是什么，她没有理由要哀伤，只有荷西离开她去工作的时候她才觉得痛苦，荷西是她生命的一切，她谈他时，充满了荣耀和狂傲。我早已知道他是一个爱海洋的人，终日徜徉在海洋的壮阔中，这个男子必定不凡。

"他对海是离不开的，在大学时读的是工程，但他还是去做了潜水。每一次他带我去海边散步，我们的感情就会特别好，因为他知道海的一种美丽。他常跟我说起他跟一条章鱼在水里玩的情形，说得眉飞色舞。我想他这么一个可爱的男人，为什么要强迫他去了解文学艺术。如果以我十八岁的时候，我绝对不会嫁给他，我会认为他肤浅，因为我自己肤浅。今天我长大了，我就不会再嫁给我初恋的人，因为荷西比那个人更有风度，而且是看不出来的风度与智慧。

"荷西讲天象，他懂得天文、星座，讲海底的生物、鱼类……他根本就是一个哲学家，当他对我讲述这些的时候。我认为台湾的男孩子接触大自然实在太少了。他们可以去郊游，但那不是一个大自然，不是一个生活。你无法欣赏，你就不能成为大自然的一部分，因为你终究还要回到现实，这是很可悲的。"

她的感叹绝不只是一种批判或嘲弄，因为她的胸怀里饱藏了爱，有悲天悯人的爱。在生活的原则上，她是相当执着和坚持的，她情愿天天只吃一菜一汤，甚至顿顿生力面的日子，也不愿意荷西去赚很多钱，然后搬去城里住，让他做一名工程师。

　　"我跟他在一起，是我们最可贵的朴素的本质。"

　　我相信她把她跟荷西美满的婚姻生活写出来，又是一本《浮生六记》。

（节选自《访三毛、写三毛》）

他的死亡改变了我

我的人生观因为这人的死亡

有了很大的改变

我在他身上看穿了

我一生中没法看穿的问题

79 9 21

1979 年 9 月，姆妈和爹爹终于见到荷西了

1991—

05

回声·三毛
和她的亲友们

ECHO-ECHO:

张曼娟：我想念你——三毛姐

车　刚：三毛在西藏

ECHO:

三毛是一个简单的名字

三毛是一个最简

大毛、二毛，谁

要自己很平凡，

表明我的口袋只

单、通俗的名字，
来都可能有。我
司时，我也连带
有三毛钱。

ZHANG MAN JUAN:

张曼娟

我想念你——三毛姐

一直以为，仍有机会，在沉沉的夜里，手执听筒，聆听你的话语，感觉好接近。可是，全部的人都在传诵你最后的消息，我渐渐相信（起初一直感觉传闻是不正确的，结果是不实在的），再也不能够了，三毛姐。

于是，大街小巷都在谈论，各报纸均以头版大篇幅报道，揣测、流言，漫天飞舞——反正，你也不能再争辩解说了。现代文学课程上，我向学生们宣布，下学期我们要做三毛的专题讨论，那是你走后第四天。我只是在想，当这片热潮过去，提起你的名字便欢呼或落泪或不以为意的反应稍稍平息以后，应该有人在你的浪漫传奇之外，发掘你在文学艺术上的价值。

这一直是你所在意的，不是吗？

你曾和我讨论过在一篇散文中，我用"原来如此"四个字作结的方式，令你惊奇。方才知道，我是讲究字句的，当然，你也是的。又说起你写的一篇散文，实在写得用心而特别，许多人却说：你在写什么呀？三毛！

他们看不懂。你的声音里透着沮丧。

但你是在突破自己，尝试做别人不习惯的三毛呀。我说。

我因此知道，你其实是急切的，并不真的气定神闲。

你已经把自己缚锁给大众了。

你说：不管我的心情好不好，不管我有没有病痛，只要站在演讲台上，看见挤得水泄不通的读者，明亮的灯光下，我的生命力就来了，所有的痛苦都忘光啦！

几年前，在一次演讲结束后，人们一拥而上，忽然，有个年轻女孩崩溃地哭起来，吓坏了旁人。只听她断断续续地说：

我……摸……到三毛了！

这类故事盛传着，为你增添了神奇的色彩。

可是，三毛姐，我不喜欢演讲，只要站在台上，我就觉得生命力大量流失，想要奔逃。我只想安安静静地写作和生活。

那夜，你说了一句我当时并不明白的话，你说：那么，你是自由的。

在你走后第二天，我到南部去演讲。飞机上人人都在阅读刊载着你的消息的报纸，只有我闭目养神，不忍再度碰触。天气寒冷阴沉，连南部也见不到阳光。到达演讲现场时，忽然有人问我对三毛此事的看法，并且疾言厉色地说："她这样做，是不是太对不起读者了？"

刹那间，我有一股爆裂的，欲哭的悲痛情绪。

于是，才知道，你不是自由的。

人们对于公众人物总是严苛得近乎残酷，连他们曾经痴心爱恋过的也不例外。

　　许多人都曾从你笔下的世界获取安慰与感动，你给他们温暖，为他们编织梦想。当你自己承受着肉体或精神上可以言说或不能吐露的尖锐痛楚时，仍然扮演着万能的智慧者，替旁人解答人生问题。

　　然而，生命于你，也有难以负荷的重量；或是繁华成灰的虚空。当你亟须一些支撑的真实力量时，这些接受过你的抚慰的人，又能给你什么？

　　你曾在信中对我说：有时候，我们要保护自己不受伤害。这是你当有的善待自己的智慧。

　　你给我的信，都是用九宫格毛笔练习纸写的，黑色钢笔水浸渗着，酣畅淋漓："很久以来，一直想跟你说，妹妹，这条路，我们都在走，旁人如果批评我们，你得分析一下他们的心态，因而不会再默默忍耐、委屈，甚而感到孤单。"

　　三毛姐，我几乎为这封信而堕泪，尽管我们很不同，却有过一些相似的经历。自从无意间变成畅销书作者，一些人提起我的名字，突然愤世嫉俗，忍不住寻找诸多罪状，加以口诛笔伐，恨不得连根拔除而后快。开始的时候，我是惊惶的，后来慢慢地就平静了，因为知道这些事其实并不能真正伤害我。而这些都是你经历过的，摸索过的，你完全懂得，看着我走来，担心我禁不住，就忍不住轻轻说：不要怕，慢慢走……听见这样的声音，知道自己并非全然孤单。

我们的交往，其实只有一点点，但我知道，你一直努力做着令人感激的事，甚至对许多从未谋面的人也尽心尽力。

演讲结束后，我飞回台北。飞机降落时正是黄昏与黑夜的交界，天空是浓郁的灰蓝色，跑道上一排排晶亮的灯光，一直流泻到视线深处，好美好美。这样的景象，你曾经是看惯的吧？怎么竟舍得下？我因此又想起你的邀约：江南水乡，是你至深的留恋，你曾约我同游，说找一群朋友，请当地建筑学者为我们介绍、讲解，乘一叶舟，沿运河行走。那些黑瓦白墙，倒映在盈盈水光间。

也去不成了，或者，你不需要伴，自己去了。真的，有时候我愿意这样想，当你像往常一样又去旅行了（你不是说要去西班牙的），只是这次去的地方，是我们无法揣想的陌生之所。这一次，你一定要好好照顾自己的心，三毛姐。

我想念你。

CHE GANG:

车　刚

三毛在西藏

经常在网上看到，有许多作者和读者在议论着三毛是否去过西藏，怎么去的西藏。说法不一，本人发几张图片，给大家讲讲三毛的故事。

1990 年 9 月，我因公出差，从上海经成都返拉萨，到了贡嘎机场，径直地往外走，在出口遇到了拉萨市旅游公司的导游董先生，当时我在西藏自治区旅游局工作，和西藏各旅行社宾馆都熟悉。我问小董："你接团？几个人？"他告诉我一个人，我就搭上了他的车，一辆蓝灰色的切诺基北京吉普，与我并行出来的一位女士从副驾驶座后面上了车。

车子发动出发，几分钟后，我看了看坐在右边的女士，张口问了一句："您是作家？"这时董先生从副驾座位回答说："车老师你不认识她啊，她是三毛啊（他见我和三毛是并排走出来的，以为我们认识）。"我赶紧道歉说道："您是三毛啊，我这人不读书不看报，孤陋寡闻。"三毛淡淡地说了句没关系。董先生向三毛介绍我是西藏旅游局的摄影师等情况。

那时从机场到拉萨的路，要从曲水雅鲁藏布江大桥走，路窄，路况又差，还远，近一百多公里要用一个多小时。约过了二十分钟的时候，三毛开口了，她对我说："你是世界上第二个人，不认识我，一张口就说出我的职业的人。"三毛说，她一直

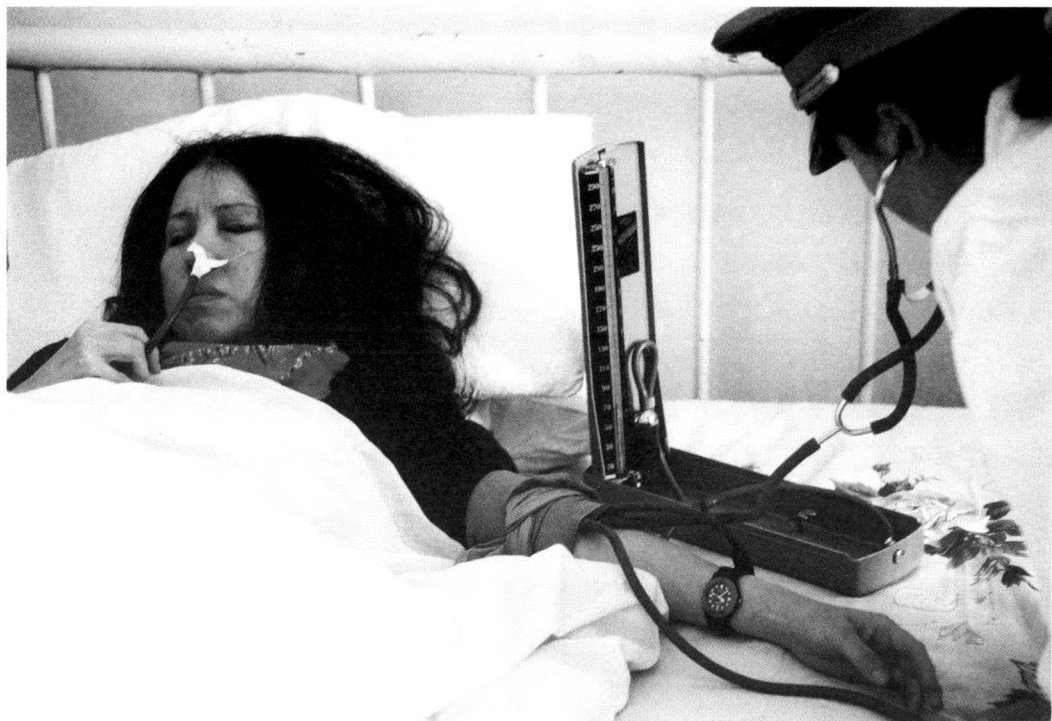

向往西藏，一是不了解，二是担心身体状况，为了到西藏，她曾九次去尼泊尔，因为那里也有藏传佛教的寺庙，也居住些藏胞。有一次，她走进一座寺庙，见一位老喇嘛正闭目诵经，就虔诚地跪下听经，老喇嘛诵完经看到她，一张口就说"你是作家"，她觉得真神奇。所以，三毛说我是第二人。但我也就是凭感觉乱猜的而已。

一路上，三毛都在往车窗外看，显得很激动很兴奋，她说太喜欢西藏了，终于找到了生命的归宿。她让我帮她买套藏装，不要节庆那种华丽的，越朴实越好，最好是穿过的，我答应了。三毛又说："车先生我有个请求，您能拍我在西藏吗？"我一听就傻了，太荣幸了，正是我求之不得的。就这样，我们有了约定。

到了拉萨饭店，董导游安排三毛住下，我到单位上班了，那时自治区旅游局就在拉萨饭店北边，隔一条马路。

我去见领导汇报去上海开会情况，汇报完，我和领导讲，三毛到拉萨了，领导一听就让我带他们到酒店看望三毛。汪副局长向三毛表示欢迎，并指示旅行社，除已收的费用外，三毛在藏的一切费用全免。汪局长（上海人）和我说："一定好好接待，一个名作家写几篇好游记，比我们花钱做广告效果好得多。"

我因下午要向领导汇报上海旅游博览会筹备会情况，第二天上午召集各旅行社宾馆饭店会议，讨论参加上海旅游博览会事宜。

所以，和三毛约定，第二天下午开始拍她。

当天晚上下班后，导游说三毛头痛反应大，我和导游带着三毛去了西藏军区总医院门诊，医生给量了血压开了药，我征得三毛同意，为她拍了照。

第二天上午导游小董陪三毛去布达拉宫参观，中午在拉萨饭店我们一起用了餐，约好了下午两点半酒店大堂见。

我备好了相机胶卷，早早到了酒店大堂等三毛，当时的心情还真有点激动。

快到两点半时，三毛扶着墙流着泪走到大堂，她说反应大，快死了……我和小董立刻把三毛扶上车，直奔军区总医院。一路上三毛很痛苦，浑身抽成一团，我让司机把车直接开到干部病房，车一停下，我让小董扶着三毛，我去病房找人。正好是午休时间，下午四点才上班，我猛敲护士值班室的门，一位小护士极不高兴地问我：干啥子？我说有病人要抢救，她说，你们去门诊啊，我说来不及了，你开个病房让病人先吸上氧。她一看我这么厉害，开了病房，我帮她去推大氧气瓶，让三毛吸上，又推了瓶氧气打开阀门直接放气。我给车院长打电话说了情况，他马上安排专家、医生组织抢救治疗。

专家诊断：轻度脑水肿，轻度肺水肿。

医生说再耽误半个小时至一个小时，三毛就没救了。

车院长（本家姓，不是亲戚胜似亲戚）说，也就你有经验，敢砸护士的门，措施得力。

就这样三毛住进了医院，在病床上完成了西藏之旅。

第二天，她情绪好多了，提出要看我的作品，她看后说：我了然了，你是个好摄影家，我介绍你加入英国皇家摄影学会。还告诫我，不要把拍摄角度告诉别人，那是你的饭碗。

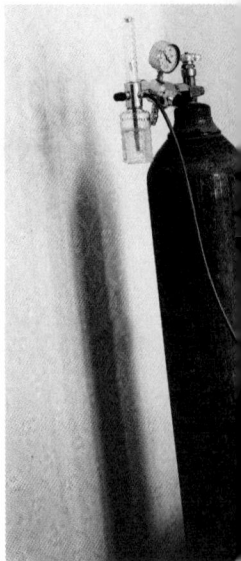

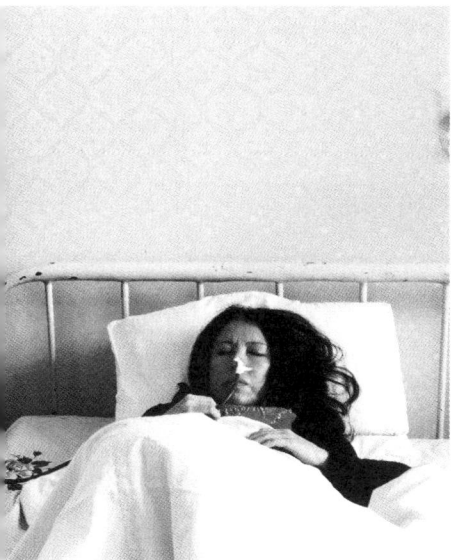

　　她说我可以带喜欢她的朋友们来看她,有不少朋友有幸与三毛合过影,不过都是在病房里。

　　原本三毛的行程是三天往返,因病在病床又多待了一天。

　　三毛回台湾后,给我寄过两本书。

　　多少年后,四川摄影家肖全到拉萨我家里,看我拍的三毛的照片,听我讲三毛在西藏的故事。他说感谢我,那次如果三毛留在了西藏,他就没机会拍三毛在成都了。

　　这几张二十八年前三毛的照片,是我第一次拿出来。

我的心里有一百亩田，
那九十九亩，随你去种
什么，可是，有一亩田，
它是我的，谁也不能去碰它。
——那一亩田，我用
　　它去种百合花。
　　　　　三毛
　　　　　1983 年

三毛是一个简单的名字

-

三毛是一个

最简单、通俗的名字

大毛、二毛

谁家都可能有

我要自己很平凡

同时，我也连带表明

我的口袋只有三毛钱

1943—1991

06

重庆·黄桷垭

ECHO-ECHO:

陈田心：非凡的母亲

ECHO:

我对父母的爱

现在再想起来，

会、享受他们的

全了解他们对我

我觉得我已能领

爱的幸福，我完

的爱了。

黄桷垭正街
155-1

黄桷垭，一条古老的小石板路

三毛老家的远景——三毛姐姐与三毛小时候在这个大树下荡秋千。

三毛出生的地方

三毛故居现在的住户，颇有些世事无常的感觉。

记者卢怡站在三毛出生地的老房子外，是
她告诉我黄桷垭的消息。

三毛家人在重庆故居的老地基前合影，三毛老家的房子与当年的样貌已经不一样了，但是这些青石地基却依旧是容颜未改。

小时候，三毛和姐姐就在这棵树下荡秋千。

CHE TIAN XIN:

陈田心

非凡的母亲

　　很小很小的时候，我的家在重庆郊外的山坡上，那儿有苍翠的树林和许许多多的石阶。每当天渐渐黑了，母亲会拿出那个放在角落的奶粉罐，倒些炒菜的油将一条灰灰白白的棉线绕在盖子上，点燃，屋子里就有了光。夏天的重庆很湿闷，母亲放下蚊帐，我和妹妹并肩躺着，母亲坐在我们身边，拿着扇子轻轻地上下左右扇着，微微的风让我们很快地睡着了。山下有一道溪流，大家都去那儿洗衣服，一边说笑，母亲去时，我们总也吵着跟去，因为蹲着玩玩水，捡捡小石子，很开心。好多次，日本飞机来轰炸，母亲一手抱起妹妹，一手牵着我，往防空洞跑，里面很多很多人，大家紧紧贴着坐在地上。这时候我抬头看见了妈妈的眼泪和惊恐，而她的手却紧紧地抓着我们，而那年母亲只有 24 岁。她的一生平凡但在我们家中却是非凡。今夜，母亲节，我想念我的妈妈。而连自己也已发白了。

陈田心

2020 年 5 月 11 日

三毛小时候是不是也是这样站在街头呢？

当年小时候和三毛一起玩耍的伙伴正在接受采访，她显然记得举家搬迁的老邻居："陈平吗，我们小时候一起耍的嘛……"

在六道轮回中，三毛祖屋门前的这只公鸡的前世，是什么样的人？是否与三毛相遇过呢？

陈田心、薛幼春与小时候的邻居和小伙伴见面寒暄。

我对父母的爱

-

过去我对我父母的爱

只感到厌烦，很腻

现在再想起来

我觉得我已能领会、享受

他们的爱的幸福

我完全了解他们对我的爱了

所以我在走的时候

我自己一定要控制得住

如果连这一点我都做不到

那么回到沙漠我一定很痛苦

所以我必要想得开

人的聚散本是无常的

1943—1991

07

三毛年谱

1943年，1岁　3月26日，出生于四川重庆，取名为陈懋平，祖籍浙江省定海县。

1946年，3岁　改名为陈平。

1948年，5岁　随父母迁至台北，入读台北中正小学。

1954年，11岁　入读台北省立女子中学。

1955年，12岁　因受老师墨汁涂面的打击，休学。在家由父母教授诗词、英文。

1956年，13岁　一度复学，后正式退学。在家练习写作、音乐，并随跟黄君璧、邵幼轩习画。

1961年，18岁　师从顾福生学习油画、素描。

1962年，19岁　经顾福生推荐，以陈平的名义在白先勇主办的《现代文学》发表第一篇作品《惑》。

1963年，20岁　在《皇冠》19卷第6期发表小说《月河》。

1964年，21岁　得到文化大学创办人张其昀的特许，到该校哲学系当旁听生，课业成绩优异。

1967年，24岁　只身赴西班牙，就读于马德里文哲学院，在此期间与荷西相遇。

1968年，25岁　与荷西分别。漫游欧洲巴黎、慕尼黑、罗马、阿姆斯特丹等地。

1971年，28岁　受张其昀先生之邀聘，返回台湾，任教于文化大学德文系、哲学系。

1972年，29岁　未婚夫猝逝，哀痛之际，再赴西班牙。与荷西重逢。

1974年，31岁　于西属撒哈拉沙漠的当地法院，与荷西公证结婚。

1976年，33岁 第一部作品《撒哈拉的故事》由皇冠出版社出版，甚为畅销。

同年，因摩洛哥军进军撒哈拉，与荷西迁往加纳利群岛的丹娜丽芙岛居住。

1979年，36岁 9月30日，荷西海底捕鱼时意外丧生，在父母扶持下，回到台湾。

1980年，37岁 5月，重返西班牙，在加纳利岛开始孀居生活。

1981年，38岁 11月，受《联合报》赞助，旅行中南美洲半年，回来后写成游记《万水千山走遍》并出版。

1982年，39岁 10月，返回台湾，任教于文化大学中文系文艺组。

1984年，41岁 因健康原因，辞掉教职，赴美度假治病，转而以写作、演讲为生活中心。

1986年，43岁 10月，正式回到台北定居，被台湾多份报刊评为最受读者喜爱的作家。

1989年，46岁 4月，首次回大陆探亲，并专程拜访了《三毛流浪记》的作者张乐平先生。

1990年，47岁 完成了第一部也是最后一部中文剧本作品《滚滚红尘》。

1991年，48岁 1月2日，入荣民总医院检查治疗。

1月3日，进行手术。

1月4日，三毛在医院过世。

图书在版编目（CIP）数据

ECHO：永远的三毛/肖全编著、摄 . -- 北京：北
京联合出版公司 , 2021.1
ISBN 978-7-5596-4701-6

Ⅰ . ① E… Ⅱ . ①肖… Ⅲ . ①三毛（1943-1991） 一生
平事迹－摄影集 Ⅳ . ① K825.6-64

中国版本图书馆 CIP 数据核字 (2020) 第 222689 号

ECHO: 永远的三毛

编　　著：肖　全
摄　　影：肖　全
出 品 人：赵红仕
责任编辑：牛炜征
书籍设计：白凤鹍

北京联合出版公司出版
（北京市西城区德外大街 83 号楼 9 层　100088）
北京盛通印刷股份有限公司　新华书店经销
字数 151 千字　840 毫米 ×1194 毫米　1/16　17.5 印张
2021 年 1 月第 1 版　2021 年 1 月第 1 次印刷
ISBN 978-7-5596-4701-6
定价：128.00 元
